人のクセみて
我がクセ
なおせ

癖《クセ》の心理学

渋谷昌三
Shozo Shibuya

東京堂出版

癖《クセ》の心理学

人のクセみて
わがクセ直せ

まえがき

人は自分自身のことはなかなかわからないものです。癖も指摘されるまで気づかないことが多いはず。しかし、無意識ながらも、癖はあなたの心の内を教えてくれる大切なシグナルです。そのシグナルに耳を傾けるように、我が癖を見つめなおして欲しいのです。そのための指標となるのが他の人の癖です。他人の癖を客観的に観察することで、鏡を見るようにして、自分の癖と照らし合わせることができるでしょう。その癖がなぜ癖になったのか、なぜ生まれてきたのか、いろいろと考えているうちに自分の心の状態も見えてくるに違いありません。それが自分を慈《いつく》しみ、大切にすることになるのではないでしょうか。

同様に他の人についてもいえることです。確かに人の癖は気になるもので、時には不快に感じられることもあります。その時に「いやだいやだ」と癖ばかりを気にするのではなく、「どうして癖が出るのか」「どんな人なのか」、その人の心の内側を考えてみてはいかがでしょうか。そうすることで相手の内面を観察し、相手を理解することができるかもしれません。また、上手に対応できるかもしれません。

こうして癖をカギに、自分と相手を観察し、心の中を想像して対応することは、良好な人間関係を築く上でも重要なことです。本書がその糸口になれば幸いです。

なお、本書では第1章に癖の原因や種類など概要を紹介し、第2章で仕事や恋愛、家庭生活などに活用する方法について触れています。もちろんはじめから読んでいただければ良いのですが、第3章の癖事典で〝気になる癖〟をひくことからはじめても面白いと思います。心理学的な専門用語も出てきますが、あくまで人間関係を面白く豊かにする実用本として、楽しんでいただければ幸いです。

渋谷昌三

癖の心理学 ――人の癖みて我が癖なおせ――

第②章 癖を味方にする方法……43

コラム／COLUMN

第1章

癖《クセ》はなぜ、癖なのか

誰にでもある「癖」とは何か？

「なくて七癖」といわれるように、癖のない人はまずいないでしょう。しかし、「癖が何か」と聞かれて正しく答えられる人は少ないのではないでしょうか。辞典では「ある人が無意識的にしばしば行うちょっとした動作」（大辞泉）、そして「無意識に出てしまうような、偏った好みや傾向。習慣化している、あまり好ましくない言行」（大辞林）となっていますが、実際にそうした誰かの動作や言行を見たところで、それを「癖」だと断定はできません。なぜなら、「癖」に似たものに「依存症」「習慣」といったものがあり、その動作や言行がそれに該当している可能性があるからです。

たとえば、仕事中にこっくりこっくりと居眠りをしている男性がいるとします。彼は居眠りをする癖を持っているのか、それともネット依存症による睡眠障害なのか、はたまた夜中遅くまでネットゲームをする習慣があるからなのか、すぐには判断しにくいですよね。近年は、睡眠時無呼吸症候群などという厄介な病気もありますから、ますますややこしい。その病気のせいで夜間に十分な睡眠がとれず、昼に眠くなってしまうのかもしれないのです。

そんなつかみどころのない「癖」について正しく捉え、考えるために、まずは生理的な「病気」を除き、「癖」とよく似た「依存症」「習慣」などと分類することからはじめましょう。

癖と依存症はグラデーション

それでは、まず「癖」と「依存症」の違いについて考えてみましょう。あえて違いから定義するなら、癖とは「直そうと思えば直せるもの」であり、直せないものは、いわば依存症などの病気と考えられます。わかってはいるけどやめられない……、依存症はまさにそのとおり、自分で〝直す〟ことができません。専門医にかかって〝治す〟必要があるわけです。そう、漢字でも、癖は〝直す〟、依存症は〝治す〟を使います。同じ響きでも全く意味は異なっているんですね。

とはいえ、他人から指摘されてもなかなか直せない癖もあります。そんな癖をお持ちの方からは「冗談じゃない、依存症なんかじゃないぞ」と反感をかいそうですが、依存症でないとすれば、直せない理由は「絶対に直そうと思うほど、問題のある癖ではないと考えているから」にほかなりません。つまり、治さないと社会的に問題なのが「依存症」であり、直さなくてもさほど社会的に影響がないのが「癖」というわけです。お酒や薬物、最近は買物やネットへの依存も多いようですが、依存症が悪化すると、周囲に迷惑を与えたり、倫理的に問題を起こしたり、最終的には社会的な破綻を招くことになります。しかし、「貧乏ゆすり」や「鼻くそをほじる」くらいなら、「困った人ね」と思われる程度で、隠れてやれば実害はほとんどありません。実は「わかってはいるけどやめられない」といってやめられないでいるのは、本当にやめられないのではなく、「やめなくても大して影響ない」と思っているのです。

確かに、表面に出てくる「言行」だけを見ていると程度の問題に見えるかもしれません。一見、癖と依存症の境界線は緩やかなグラデーションになっているように見えます。しかし、言行は似ていても、単なる「癖」と、心の病気としての「依存症」はまったく異なるものなのです。たとえば、爪を噛む癖がある人は多くいますが、大きなフラストレーションが原因で噛みすぎて深爪になり、果ては精神的に深刻な問題を抱えて血が出るほど噛んでしまうという人もいます。それでもまだそれによって精神的なバランスが取れているのならよいのですが、多くの場合、それで解決することはありません。つまり「依存症」は「病気」であり、プロの診察と治療が必要なのです。一見癖に見える言行であっても、その原因に病気が潜んでいることは少なくありません。

意識的な習慣、無意識の癖

病気ではなくても、「癖」と同じように使われる言葉に「習慣」があります。その成り立ちを比較してみると、違いがあるのに気づくでしょう。一般に「習慣」というと「良い行動」

として表現されることが多いのですが、癖は習慣ほど良し悪しを問いません。癖が身につくのはほとんど無意識であることが多く、自分を楽にするために自然に生じてくるものばかりです。そのために「いいもの」だけが癖になるわけではないのです。

一方、「習慣」は、「望ましい行動」を学習し、何度も繰り返すことによって獲得した行動パターンです。意識してその行動を繰り返し、その結果、繰り返すことが当たり前になったときの状態を指します。たとえば、子どものころに親から「ほめられる」といった社会的なごほうびを与えられ、「良いこと」として歯を磨くように学んだ人は、成長するに従って「ごく当たり前のこと＝習慣」として身に付き、日々繰り返すようになります。

ただし、残念ながら「望ましい」というのは、社会的に望ましいことばかりではありません。たとえば、せっかく親から習慣づけてもらったことでも、大人になって自分の行動をコントロールするようになったときに「めんどうくさい」という理由で習慣を解除してしまうこともできるわけです。そうなってできた「歯を磨かないで寝てしまう」という習慣は、自分にとって楽できる「望ましさ」から意識的にそのように行動するようになった結果、身に付いてしまったものといえるでしょう。そして、習慣も癖と同じように、しっかり身に付いたものはなかなか消えにくいですから、できる限り他から見た際にも印象の良い習慣を身につけたいものですね。

また、習慣と癖の違いについては、単位の大きさからも分類できるでしょう。習慣が「行動」

であることに対して、癖は「動作」であり、習慣の方が大まかな動きを指していることが多いようです。たとえば、「歯を磨く習慣」とはいいますが、「歯を磨く癖」とはあまりいいません。しかし、「前歯から歯を磨く習慣」はやや奇異に感じられても「前歯から歯を磨く癖」といえば自然でしょう。

しかし、この場合もあくまで境界線はあいまいです。たとえば「バスに乗って窓の外を見る」という「行為」はどちらに該当するのか、なかなか分類が難しいですよね。どうやら、癖は習慣のなかに含まれつつ、もっととがった意味合いを持っているといえるかもしれません。同じ「歯を磨く」行為でも、「食事の後に歯を磨くのが習慣になっている」といえば、日常的な当たり前のこととして違和感がありませんが、「食事の後に歯を磨くのが癖になっている」というとちょっと強いものを感じませんか。

本書における癖とは?

このように、癖と依存症、習慣を比べてみると、さまざまな違いがあり、とくに医学や法律、心理学などの学術的見地からはそれぞれ明確な定義がなされています。しかし、日常生活の中で日常的に心が映し出される鏡として「癖」を捉えると、それぞれ異なる特性はあっても、曖昧な領域があると考える方が自然のようです。

そこで本書では、まずは病理としての「依存症」については別物とした上で、「癖」の領域をやや曖昧に捉えつつお話を展開していきます。そして、「癖」を重要なコミュニケーションにおける手がかりとして、豊かな社会生活のために活かすことを最終的な目標として掲げたいと思います。そのために、まずは「癖がなぜ生まれるのか」、「どんな社会的影響があるのか」、「そして直すためにはどうすれば良いのか」、などについてお話を進めていきましょう。

癖はどうして生まれるのか？

癖について知るには、癖が「なぜ生まれるのか」を知る必要があります。多くの場合、癖は無意識に生まれ、いつのまにか身についているものです。しかし、無意識とはいえ、そこには何らかの心理的な影響が働いていると考えられます。一見、単調な体の動きに見える癖であっても、心のなかに何がしかの理由が隠れているのです。また、見た目には同じ癖に見えても、身についた理由は異なっている場合もあり、その理由によって癖が意味するものが変わってきます。それでは、どうやって癖は生まれてくるのでしょうか。いくつかの例を紹介しましょう。

癖は曲者、臭いもの？

癖を一言で説明するなら「無意識に出てしまうような、偏った好みや傾向。習慣化している、あまり好ましくない言行」でしょう。しかし、実は他にも「習慣。ならわし」「一般的でない、そのもの特有の性質・傾向」「折れ曲がったりしわになったりしたまま、元に戻りにくくなっていること」というように、さまざまな意味があります。癖はもともと「曲（くせ）」と同語源で、人間だけでなく、ものについても片寄った性質やくさみのあるものを指していました。〈臭い〉のクサとも同根語で、母音交替で「クサ→クセ」となったといわれています。古語には「くせぐせし」などの形容詞もあり、「屈狭《くっさ》」とする説もあるとか。つまり、屈折していてなおかつ狭い。普通と違った行為を指しているわけです。なお、漢字では、ひねくれるという意味の「辟」に「やまいだれ」がついただけの、いたってシンプルな作りです。その字の通り、癖はなかなか治らない病気のようなもの。「癖はくせもの」といったところでしょう。

モデリング

癖が生まれる理由の一つとして、「真似ること」があげられます。身近な人はもちろん、親しくなりたい人やモデルとする人の真似を無意識に行ううちに行動が似てくるというもので、「モデリング」[*1]と呼ばれています。好きな人の癖を真似しているうちに癖がついたというわけですね。この場合、癖そのものには心理的な意味はあまりありません。むしろ「真似る」ことそのものに、無意識に相手と仲良くしたいという気持ち〝親和性〟を高めようという心理が表れているといえるでしょう。

もともと人は生まれてからすぐに親を他者として認め、保護してくれる存在として親和性を高めようとする能力があります。親が笑えば、子も笑い、その表情を真似ようとします。たとえば片方の口の端を上げて笑う親の子は、そうした癖までそっくりに写しとることがあります。他にも話し方や食事など、親とそっくりの癖を持つ子どもは多くみられます。親との親和性を高め、社会で生きていくために必要と思われる行動様式を親から学ぼうとしているうちに、癖まで真似てしまうというわけです。この傾向は大人になってからも多々見受けられ、親和欲求の強い人や依存性の高い人ほど相手の癖を取り込みやすいと考えられます。

ただし、好きな人だけではなく、ふざけて真似しているとうつってしまうこともあります。

お笑い番組でのギャグや、先生の癖や友人の吃音《きつおん》などをふざけて真似ているうちにうつってしまったことはありませんか。いい癖ならともかく、あまり好ましくない癖がうつってはたいへん。面白半分に人の癖を真似ないほうが無難のようです。

＊1 モデリング
本来は尊敬の気持ちや行為を反映させた行動のこと。子が親や兄弟を真似るなど無意識に行っていることも、好きな有名人の真似をするなど意識的に行うこともある。

習慣

ある行動を毎日行う必要があり、毎日行っていると、やらなくてもいい日にまでやってしまうようになります。そうした習慣化も「癖」を生み出すものの一つといえるでしょう。顕著な例に、「職業病」と呼ばれるものがあります。

たとえば私の知り合いの編集者は「電車の中吊り広告などで文字の間違いを探す癖」や、「本は奥付から見る癖」があるといいます。当然ながら、彼は休日にたまたま乗った電車の中吊りを校正する必要も、自分の仕事と関連しない本の奥付を見る必要もありません。しかし、ふと気がつくと日々行っている行動を無意識に行ってしまうというのです。他にも、ピアニストは机の上で指を動かす癖があるかもしれませんし、ITエンジニアやコンサルタントなどは仕事と無関係な人や子どもにまで専門用語や横文字を使ってしまうという癖があると聞きます。かくいう私も、お酒を飲む席などでリラックスすると、ついつい学生に話すような講義口調が出てしまい、「説教癖」などと揶揄《やゆ》されることがあります。同じ仕事をしている人間は同じ癖をもつことも多く、なかなか自分たちの「職業病」に気づきません。違う仕事についている人にはじめて指摘されることも多いでしょう。

電車の車内など公共の場にはさまざまな職業の人が集まります。ちょっと観察してみると、どんな職業の人なのか「癖」から推測できるかもしれませんね。新聞の見方にも、職種によってユニークな癖が出てくるのではないでしょうか。たとえば、銀行を退職した方は、今も新聞を手に取ると真ん中の経済欄をぱっと広げるそうです。退職した今は、現役時代のように毎日の経済動向を熟知していなくてもいいはずですが、「積年の癖」というわけですね。また、出版社の営業マンは下部にある書籍の広告欄を真っ先にチェックするそうです。さて、あなたは新聞のどこから見ますか？

学習

ここでいう「学習」は「お勉強」のことではありません。ある行為をすると何か報酬が得られ、その行為が強化されるという「学習」のことです。たとえば、ある女性がかわいらしく「上目づかい」で何かを依頼したところ、快く受けてもらえる成功率が高くなったとしましょう。すると、彼女は何かと上目づかいをするようになり、必要のない場面にまで行うようになります。まさに「上目づかい」という癖を学習してしまったのですね。このとき、「報酬となる価値＝報酬価」が高ければ高いほど、癖づけの大きな力となる可能性が高く、「学習効果が高い」といいます。たとえば「上目づかい」することによって男性から助けられることが多いなら「報酬価が高く」、学習効果が高い。一方、同性の多い職場ではなかなか効果が得られず、「報酬価は低い」ということになります。

ちなみに、癖の学習効果を高める「報酬」と反対のものに「罰」があります。いわゆる「あめとムチ」というわけですが、これは必ずしも意図したとおりに真逆の効果が出るとは限りません。たとえば、爪を噛むと手を叩かれるなどの「罰」が与えられれば、その癖は一時的に消えるかもしれません。しかし、もともと爪を噛む癖が「安心する」という報酬によって学習されているとしたら、どんなに罰を与えても完全に消し去ることはできません。むしろ「罰を与えられる」という不安がより「安心したい」という欲求を生み、罰を与える親のいないところなどで爪を噛む癖がより強く出てしまう可能性もあるわけです。

つまり、悪い癖をなくしたいならば、悪い癖によって与えられる報酬に代わる「より大きな報酬」を良い癖で得られるように仕向ければ良いというわけです。シンプルにいえば、低い報酬価の癖に、高い報酬価の癖が上書きされるというわけですね。癖を直す、よい癖をつける、などについては、第2章で詳しく紹介します。

ジンクスは幸運を呼ぶ「癖」？

「学習」による癖と似て非なるものが「ジンクス」です。野球の試合の際に「バットで飛ばしたい方向を指すと、そちらに大きく飛んでヒットになった」というように、行為（バットで指す）と報酬（ヒットになる）のセットが自分のなかで確立すると、その人はバッターボックスに入った時に意識的にその仕草をするようになります。こうした「ジンクス」を大切にする人は、野球選手などのアスリートに多いですよね。また、普通の社会人でも、プレゼン前にトイレへ行く、商談前にネクタイを締め直すなど、さまざまな「ゲン担ぎ」でジンクスを実践している人は少なくありません。

ジンクスと癖が異なるのは、ジンクスが「あえて意識的に」行うことであるのに対して、癖は「無意識」のうちに学習し、行っていることです。ただし、ジンクスとして行っていた行為が度重なるうちに癖になっている場合もあるため、外見上はわかりにくいことが多いようです。

代償行為

子どものころに一番多い癖は、「指やおしゃぶりなどを口で吸う」というものでしょう。生後十八ヶ月ぐらいまでの間、乳児は乳を吸うという行為を通して安心感を充足させるといわれています。その欲求を「口唇欲求」といい、この時期を「口唇期」といいます。しかし、授乳までの間、または乳離れによって授乳が受けられなくなると、安心感を別の行為で補おうとします、それが「指しゃぶり」といった行為に現れるというわけです。ただし、こうした行為は決して子どもだけのものではありません。たとえば、「ペンやストローの端を噛む」「タバコのフィルターを噛む」といった癖は、この口唇欲求を満たそうという大人なりの方法と考えられています。

こうした満たされない欲求を、別の行為で補おうという行為を「代償行為」といいますが、これらは口唇欲求だけではありません。たとえば、怒りを相手にぶつけられないときに机をコツコツと叩く癖や、日頃のストレスからついつい衝動買いしてしまうといった買い物癖も、「代償行為」からくる癖といえるでしょう。ギャンブル癖も、「自分の人生を賭ける」ための物事（たとえば仕事など）に充実感を感じていない場合の代償行為である場合が多いといわれています。しかし、あくまで「代償」ですから、十分に満たされることはありません。本当に得たいものが得られないうちはなかなか直すことが難しく、代償としての癖を直さないうちは本当に得たいものが得られにくいという厄介な癖なのです。癖ならまだしも、依存症にならないためには、まずは仕事やプライベートなどを充実させることが大切です。

ストレス緩和

人はストレスを感じた時、自分に触れることによってそれを緩和しようとします。髪を触る、手を握り合わせるなどは、前述した「代償行為」の一つであり、癖の理由として最も多いといっても過言ではありません。「マンウォッチング」などの著者であるD・モリスは、これを「自己親密行動」[*2]と呼び、そのメカニズムを解明するためにさまざまな実験を行いました。

人は何か不安を感じている時、親しい人に抱きしめてもらいたい、何かに抱きつきたい（触れていたい）と思います。小さな子どもなら母親に抱きつくなどすれば良いのですが、そうできる期間は短く、いつまでも親に甘えているわけにはいきません。そこで、親の代わりに自分を触ったり、撫でたりといった代償行為が行われるわけです。他にも髪を触る、爪を噛むといった行動も、ストレス緩和のための「自己親密行動」といわれています。つまり、「髪を触っていたら落ち着いた」というように、行動と内側の問題解決という報酬が結びつくこ

COLUMN

癖がフラストレーション耐性を上げる?

自分を触ったり軽く叩いたりといった「自己親密行動」は、緊張やストレスを緩和し、精神状態を適切な状態に保つのに効果的と考えられています。そのため、ひんぱんに緊張やストレスを感じている人は、それを緩和するための「癖」がつきやすいといえるでしょう。しかし、何かと目の敵《かたき》にされがちな緊張やストレスですが、癖で緩和できる程度なら問題はありません。むしろ生活を活性化し、努力を続ける原動力となる重要な刺激なのです。それを癖によってコントロールできるのですから、健全な状態といえるでしょう。

問題なのは、何かストレスを受けた時に、「解決方法を選べない」「どちらを選んでも解決しない」といった葛藤状態が長く続くことです。「フラストレーション（欲求不満）」がたまっている状態ということですね。そんな時に「癖」を禁じられていたらどうでしょう。欲求不満度が許容値を越え、突然キレたり、病気になったりする可能性があります。もちろん程度問題ですが、癖によって自分で心理状態をコントロールできれば、フラストレーション耐性も上がるはずです。見た目などに問題がある癖ならともかく、多少の癖は許し、上手に活用するのが得策といえるかもしれません。

とを学習し、積極的に自分で自分を触って「落ち着く」「気持ち良い」「安心する」といった報酬を得ているのです。そこには、自分で自分に触れることで、自分という実体をしっかりと確認し、存在を明らかにすることで不安を取り除くという心理が働いているのです。

ときにはやさしく触れるばかりでなく、痛みを伴うほど叩かれたり、つねられたりという行為に安心感を感じるという人もいます。パンパンと自分を叩いて取組に臨んだ大相撲力士など、アスリートが試合前に自分を叩くことで緊張を緩和し、気合いを入れる姿もよく見ますよね。もちろん、意図的なジンクスとしてやることもあるとは思いますが、癖になっている場合も少なくないようです。

＊2 **自己親密行動／self intimacy**
自分自身が緊張や不安を感じた時に、無意識のうちに出る行動のこと。自分で自分の体の一部を触ることによって安心感を得る。

癖が受ける影響と傾向

癖は個人的なものといわれますが、その人が属している組織や集団で同じような癖を持つ傾向があります。たとえば、女子高生のあるクラスで、体を揺らして手をたたきながら笑う癖を持つグループと、手を口に当てて甲高い声で笑う癖のあるグループがあるとします。前者は活発で男勝りな体育会系のグループ、後者はちょっとミーハーでおしゃれが好きなグループといったように、グループの色が見えてきませんか。

このように、性格による癖や文化による癖など、無意識のうちに属している集団と同じ癖を持っている可能性があります。裏を返せば、癖を見れば、属している集団がわかるということでしょう。また、どんな人なのかプロファイリングすることもできるかもしれません。

それでは、どんなグループにどんな癖の傾向があるのか、いくつか紹介していきましょう。

外向的・内向的

自分に触れる「自己親密行動」は、誰でも行っていることであり、癖になっている人も少なくありません。しかし、人によって表出する傾向が異なることに気づくでしょう。たとえば人の肩や背中をバンバンと叩く癖のあるAさん、人に触る癖のあるBさんの場合、「自己親密行動」より親しい人に触れることが多いようです。この場合、外向的なタイプと考えられます。一方、内向的な人は、他人に触れることを苦手としていることが多く、緊張するなどのストレス状態にあるときには、黙って自分の手を握るだけかもしれません。どちらも「自己親密行動」なのですが、それぞれの性格で出方が変わってくるというわけです。

こうした癖の傾向は、好意を表す癖についても同じことがいえます。たとえ他の人と親しくなりたいと思う「親和欲求」が強くても、内向型の人はその内面的な欲求が外からは見えにくいものです。

一方、外向型の人は感情表現が豊かで、相手から好意的に受け入れられることを強く望みます。このような人は、会話の場面で大きく手を広げたり、人と隣り合う際の距離が近かったり、オープンなイメージを彷彿させる癖を多く持ちます。一方、内向的な人は腕組みをしたり、口を手で隠したりなど、控えめでやや距離を置いたイメージを感じさせることが多いようです。とはいえ、内向的な人が愛情薄いわけではありません。腕組みするなどの癖は「自己親密行動」であることも多く、「他者に触れてほしい」というシグナルでもあるのです。内向的な人であっても、他者と親密になりたいと考えていることは間違いありません。内向的であるために直接的に表現することができず、「黙って腕組み」をしているというわけです。

外罰的・内罰的

外向きか内向きかという傾向は、親密性の表現の他にもさまざまな場面で見られます。たとえば、何か問題が生じてイライラしているときに、その原因が自分にあるとみて、頭を叩いたりするような自分を罰する意味を持っていることから、内罰的な人といえるでしょう。反対に、同じような時に、物にあたったり、他人に八つ当たりしたりする人がいます。これは内罰的な傾向に対して外罰的といえるでしょう。

実際に、あなたのオフィスで、誰かが仕事で失敗したときのことを考えてみましょう。頭をコツコツ叩く癖を持つAさんは、内罰型で自分の中に引きこもりやすいタイプ。ゴミ箱を蹴ったり、引き出しの開け閉めが乱暴になったりするBさんは失敗を自分のせいと思いたくない外罰的なタイプでしょう。さらにC課長は「舌打ち」「ため息」といった表現で部下を威圧する外罰的なタイプ…。こうして観察してみると、社会的には外罰的な癖を持つ人の方が、組織においてはマイナスの影響を与えているようですね。たいした意味もないのに「舌打ち」「ため息」が癖になっている人は、周囲に不快感を与えている可能性があることを考え、直した方が良いでしょう。しかし、あまりに内罰的な人も失敗の原因を自分にばかり帰属させてしまえば、萎縮してますます失敗しやすくなるでしょうし、行為自体が周囲にうっとうしさを与えかねません。いずれもほどほどが肝要といえるでしょう。

なお内罰的、外罰的いずれも行き過ぎると「癖」ではなくなります。抜毛行為やリストカットなどは明らかな精神的疾患と考えられ、他者への暴力や破壊行動に至るのも精神的に問題がある場合が多いようです。学校やオフィスで精神衛生を管理する立場にいる人は「たかが癖」とあなどらず、早め早めに対応し、職場環境を改善することが大切です。

文化・風習

癖は万国共通かというと、どうやらそうではなさそうです。癖も他の行動と同じように、より社会的に許容されるもの、承認されるものが強化されます。逆に認められない癖は淘汰され、日本で多い癖も外国に行くと見られないものも多いときます。たとえば、日本では人前で鼻をかむことを恥ずかしいと考える人も多いためか、グスグスと人前でいつまでも鼻をすする癖のある人がいます。一方、欧米では人前で鼻をかむことはまったくルール違反ではなく、むしろいつまでも鼻をすすっている方が恥ずかしいとされるため、そうした癖を持っている人はほとんどいません。食事時であろうが、すごい音をたてて鼻をかむ人がいて驚かされるほどです。

他にも、人と人との距離の取り方が文化によって異なっていたり、笑う行為に対しての評価が異なっていたり、それぞれの文化の違いが、個人的な癖にも大きく影響を及ぼしていることは明らかです。いずれも自分が属する文化が否定するものは、癖として定着しにくいからでしょう。これも「直そうと思えば癖が直せること」を証明しているといえますね。

年代

世代間における癖の差異はどうでしょう。たとえば、ほとんどの日本人は、人と会ったり感謝の意を示したりするときにお辞儀をします。お辞儀というマナーを家庭や学校で学び、誰もが習慣として身につけているわけです。しかし、お辞儀の〝仕方〟についてとなると、年代によってどうやら様子が異なるようです。特に最近の一〇～二〇代の若者については、頭を下げずに首をすくめるという今までにないお辞儀の癖を持つ人が多く見られます。

お辞儀とはもともと頭を相手よりも低くし、恭順の意を表すことを目的としています。野生動物では序列が低いこと、はじめから負けを表現するものとして姿勢を低くする傾向にあります。また、長く封建社会にあった日本では身分や立場で頭を下げることが文化になっていました。しかし、だんだんとその意識は薄れ、相手に頭を下げるというよりも、単なる挨拶のための合図のような感覚になってきているのかもしれません。また、いきがりたい時期だけに、無意識に相手と対等でいることをアピールしているのかもしれません。いずれにしても、そんな若者も社会に出ると同時に、正しいお辞儀の仕方を習い、公的な場ではできるようになっていきます。つまり、首だけすくめたお辞儀という癖を矯正されるわけです。

癖が人の印象を決める？

癖を見て、相手をどう評価するか。特別な心理学の知識がなくても、人の癖から何かを察知し、その人を評価するということは日常的に行われています。たとえば、癖からその人の性格を判断したり、考えていることや行動について推測したり…。癖は人との付き合い方においてて、その指標となるたくさんの情報を与えてくれているのです。癖を手がかりとして、評価する知識や能力を持っていれば、癖からその人の性格や状況などを分析し、先回りして行動できるようになるでしょう。また、癖をコントロールして、なりたいイメージを訴求することもできるでしょう。

そこで、人の癖に気づいたときに、人がどんな視点や指標から人を評価するのかを、考えてみたいと思います。

未熟さの指標

指しゃぶりや爪噛みなど、子ども時代の癖が残っている人がときどき見受けられます。多くの場合、子ども時代の癖は大人になるにつれて無意識、もしくは意識的に直っていきます。

たまにリラックスした状態や、不安が高まり緊張すると出てしまうといったこともありますが、普段は「出さないように気をつけている」人がほとんどでしょう。そうなると、子どもっぽいとされる癖をもっているだけで未熟な印象を与えかねません。

たとえば、性器を触る癖も、子どものころは黙認されていたとしても、大人になればそれが不都合であることがわかります。ほとんどの人はそこで直すわけですが、なかには直らないまま残ってしまう人もいるようです。テレビに出ている芸人さんで緊張すると股間をぎゅーっと触る人がいますが、決して大人っぽい印象ではありません。芸人さんだからこそ個性として許されているところはありますが、普通のビジネスパーソンがそんな癖を持っていたら、「ちょっと任せられないかも?」と心配になるのも当然ですよね。他にも、鉛筆をかじったり、服の裾をいじったりという癖は、未熟な人と判断されてしまう可能性があるので直すほうが賢明でしょう。

社会的ポジション

人は常に誰かを演じているといわれます。職業病のところでも触れましたが、人は就いている職種によって「らしく」ふるまう傾向にあり、この「らしさ」が癖につながっていることが少なくありません。社会から与えられた「役割性格」を無意識に演じることにより、自分と周囲にメリットをもたらすためと考えられます。たとえば、社長が背中を丸めてしょんぼり歩いていては、その会社の従業員は不安を抱えてしまうでしょう。そして補佐役であるはずの秘書が派手な服装で尊大にふるまうとしたら、周囲は違和感を感じるでしょう。そうしたモニタリングの結果、社長は社長らしく堂々と歩き、秘書は秘書らしく控えめな態度で、それぞれが「らしく」ふるまうようになっていきます。そして、ふるまっているうちに、その「らしさ」が必要とされない場になっても「らしい」ふるまいが残ってしまい、それが「癖」になるわけです。

他にもリーダーが「らしくあるべき」して求められ、定着してしまう癖として、「視線をしっかりと合わせる」「オープンでリラックスした姿勢をとる」「語尾をはっきりさせて言い切る」「集団の中心にいようとする」などがあります。決してすべてのリーダーがそうした癖を持っているわけではなく、あくまで「リーダー的」に見えているだけなのですが、人はそうした癖があることで安心感を感じてしまう傾向にあります。つまり、その人の本質ではなく、リーダーらしい癖からリーダー的な資質を持っていると判断して頼ってしまうというわけです。実際、決してリーダーに向かない人であってもリーダーになりたいがために、表面的な行動だけを取り繕う人もいます。人間が「癖」で人の社会的ポジションまで判断してしまう傾向を逆手にとっているといえるでしょう。

COLUMN

大統領の癖を矯正するお仕事

米国の大統領ほど、多くの人の目に晒され、その一挙手一投足を観察されている人はいないでしょう。再選を果たしたオバマ大統領も例外ではありません。そんな厳しい「人の目」に対抗すべく（？）、大統領（候補）には、よりよい印象を与えるようなイメージコンサルタントがつくといわれています。その成果でしょうか、長い間、オバマ大統領は演説の際に首を左右にふる癖がありましたが、近年になって、きちんと正面も見据えるようになってきています。

文化的差異

同じ癖でも文化が変われば意味も変わります。たとえばリーダーとして好ましいとされる人の癖を分析してみると、米国と日本とでは大きく異なるようです。米国ではややオーバー気味でわかりやすい動き、力強い発音や言葉づかい、しっかりとした意思を感じさせる視線といったものが、リーダーのしぐさとして好まれる傾向にあります。そのため、リーダー的な立場にある人は、そうした癖を持っている場合が多いでしょう。

一方、日本では泰然として動きが少なく、ときに曖昧でおおらかな言動、直線的というよりも曲線で包み込むようなイメージが求められます。表立った諍《いさか》いを好まない日本の文化では、リーダーになだめ役や調整役としての役割が求められ、親和性が高いタイプが好まれるのでしょう。このあとのページで、歴代の首相の癖を紹介しますが、個人的な癖に加えて、そのほとんどが語尾のぼかし方に特徴がある人が多いのに気づくはずです。

リーダーの癖に限って評価の文化的差異について紹介してきましたが、普通の人でも文化的な違いで癖が異なっていることが多いようです。たとえば、女性の上目づかいでの〝はにかみ〟は癖になっている人も少なくありませんが、日本では奥ゆかしさやかわいらしさとして評価されるものの、海外では未熟さとして評価されることが多いそうです。そのため、大人の女性ではにかむ癖を持っている人は少ないとか。また、日本では人をじろじろ見る癖はマナー違反として見なされますが、国によってはまったく気にされない場合もあります。このように癖についての評価は文化的ごとに大きく異なっているため、癖そのものの表出頻度も国や文化によって大きな差が生じます。

ジェンダー

同じ癖でも男性か女性かで評価が異なることが少なくありません。だいたいの癖において、女性より男性の方が大目に見てもらえることが多いようです。貧乏ゆすりも鼻をほじる癖も、男女ともに嫌がられる癖ですが、女性の方がなお眉をひそめられる傾向にあります。その意味で、癖の評価にもジェンダーの影響が見られるといえるでしょう。実際、公共の場で女性が鼻をほじる様子はほとんど見られませんが、男性においてはときどき見かけます。女性の方が社会的評価が抑制となっていることは間違いなさそうです。

そして、男女共に社会的に好ましくないとされる癖以外にも、片方だけが好ましくないとされるものもあります。たとえば、指をパキパキとならす癖などがそうでしょう。男性の場合、「やる気がある」「たくましい」と評価されることもありますが、女性でこの癖を持っていたら、周囲から怪訝な目で見られることは間違いありません。逆に女性が口元に手を当てて笑ったり、考えたりする癖を持っていても「かわいらしい」と評価されますが、男性が同じしぐさをすると「気持ち悪い」「軟弱」といった印象を与えてしまうでしょう。なお、ジェンダーには男女差そのものに文化的な差異が入り組むため、そこを知らずしてフラットに癖を評価するのは難しいかもしれません。

歴代首相は癖も個性派ぞろい

伊藤博文は女癖の悪さナンバーワン

初代首相の伊藤博文は、東京市長になった牛塚虎太郎に「女好きさえなければ、人として満点」と言われるほど、女癖が悪かっそうです。松下村塾で一緒だった入江九一の妹を山県有朋と奪い合って妻にした後、下関で芸者の小梅に入れあげて離婚。小梅と結婚した後も、芸者や人妻である岩倉具視の次女などとねんごろになり、十三歳の少女にも手を出す始末でした。とにかく女性に甘く、女性に物をねだられるとすぐに「よろしい」と承認することから「よろしいの御前」というあだ名まであったそうです。

放言癖で解散した吉田茂

とにかく口が悪いと評判だった吉田茂。「放言癖」「直言癖」などと揶揄されるほどで、外務官僚としてはもっぱら裏街道を歩いていました。それが紆余曲折あって、戦後初の首相になるも〝ワンマン宰相〟との異名をとるほどに。しかし一九五三年、国会での質疑中に野党議員の挑発に乗って、思わず漏らした「バカヤロー」の一言で解散にまで追い込まれてしまいます。泰然として丸い眼鏡の奥から鋭い目で見渡す様は、常に自信満々。とはいえトレードマークの葉巻は、もしかするとプレッシャーに負けないための「自己親密行動」からくる癖だったのかもしれません。

田中角栄は癖のデパート

田中角栄ほど、さまざまな癖が目立った首相はいないでしょう。角栄節と呼ばれるダミ声の独特の言い回しや「よっしゃ、よっしゃ」などの口癖、扇子で仰ぐしぐさまで、芸人にモノマネされることもよくありました。こうした癖をみてみると、情熱的でパワフル、活動的な印象を受けますが、もともとは吃音で内気ないじめられっ子。浪花節を覚えたことをきっかけに、人の心に訴える力を得たそうです。また極端な暑がりで汗を拭う姿、扇子で仰ぐ姿も「活動的」と見られますが、実は持病であるバセドウ病のせいともいわれています。生まれながらの性格から生まれた癖というより、癖が人格をつくり、イメージをつくったのかもしれません。

何でも数え癖の竹下登

近年、孫（DAIGO）が芸能界で活躍中の第七十四代首相、竹下登は、数字に強いことが自慢だったそうです。と聞くと、経済に強いのかと思われますが、興味関心はあらゆるものに向けられ、さまざまなものを数えたり、並べたりしては悦に入っていたそうです。あるとき、伊東正義にむかって「あんたはナンバーテンだ」と突然言い放ったことがありました。疑問に思った伊東が「何ごとか」と尋ねると、当時の自民党内での年齢の高い順番だといってニコニコ笑っていたそう。なお、竹下本人は五〇番目だったそうです。

癖で見る小泉純一郎は幼稚?

小泉純一郎は、自身のメルマガの中で自分に癖があるとカミングアウト(?)しています。その癖とは、「話をしている時についポケットに手を入れてしまう」「大きな身振り手振りをしてしまう」というものだそうです。ちなみにポケットに手を入れるのは、自己親密行動の一種といえますが、心理学の実験ではウソをついたときの行為であることがわかっています。さらに心理学では、マスターベーションの一種とも分析されています。また、大きな身振り手振りは、目立ちたがりやで子どもっぽい性格の表れと評価されがち。いずれも首相としてはあまり誉められた癖ではありませんが…。

三人三様の癖を持つ民主党党首

民主党政権下では、鳩山由紀夫、菅直人、野田佳彦が首相となりました。まず、目につくのは鳩山氏の派手なシャツやネクタイを選ぶ癖ですが、こうした服装の人物は一般的に自己顕示欲が強く、目立ちたがり屋といわれる傾向にあります。しかし、心理学では「もっと注目してほしい」「明るく元気な人と思われたい」という願望として分析されるため、実は内気で対人関係に不安を感じていたのではないかと推測できます。また、菅直人で印象的なのは、目をぱちぱちさせる癖、書類をさわる癖などです。これらはいずれも緊張というストレスを緩和させるための行為です。東日本大震災という未曾有の震災を経験しながらも、後ろ盾がいなかったといわれる菅氏の不安感が伝わってくるようではありませんか。なお、野田佳彦には目立った癖がないのが印象的です。徹底して自分を出さない、それも処世術の一つなのでしょう。

安倍晋三の口癖は今風?

柔らかい語り口が印象的な安倍晋三ですが、ちょっと気になるのが文末の終わらせ方です。「〜わけであります」、「〜わけでございます」という言い回しが多用されていますが、「です」「ございます」というより、かなり言い訳がましい、曖昧な印象を与えます。実は、安倍だけでなく、こうした言い回しは近年若者を中心に急増しているそう。たとえば「〜かもしれない」「〜らしい」というように断定すべきところでの推量表現もその一つでしょう。いずれも自分の発言を曖昧にすることで、責任を無意識に回避しようとしたり、他者との不必要な摩擦を回避しようとしているわけです。一見スマート、しかし人との関係性に傷つきやすい今どきの若者を象徴しているようです。

第2章

癖《クセ》を味方にする方法

これまで紹介してきたように人の「癖」は単なる動作の生理現象ではありません。心理的な〝なにか〟が表出していると考えるのが自然でしょう。それは表情や行動、動作、しぐさなどと同様にコミュニケーションに欠かせない「情報」と考えられます。むしろ無意識に行っているだけに、自分や相手を知る上で重要な手がかりになるといえるかもしれません。

たとえば、顔ではニコニコと微笑んでいても、手元ではトントンと机を叩く癖が出ていたとします。トントンと机を叩く癖はイライラしている時に出やすいもの。つまり、イライラしているにも関わらず、なんとか相手と好意的に接しようと表面上は努力している、または取り繕っていると推測できます。このように人の行動やしぐさ、表情には、好意的なものと批判的なものとが共存することも少なくありません。そこから相手の様子を伺うことができるわけです。

さらに無意識に表出する行動である「癖」は、あくまで無意識であるため、その人の隠された本音を推し量ることができます。その本音も、本人が意図的に隠していることもあれば、本人すら気づいていない可能性もあるのです。

「癖をよむ」とは？

さまざまな原因があり、なにかと面倒な「癖」ですが、癖から相手の性格や状態を推測し、コミュニケーションに上手く活かすことができれば、強力な味方になることは間違いありません。癖は個人的なものとはいえ、一定の法則性を持っており、よく注意してみれば、癖から相手の状況や性格をよみ解くこともできるはずです。

たとえば、「腕組み」という行為は、相手を威圧したり、熟考したりという場面でよく見られるものです。それが癖になっている人は、相手を威圧したいと思っているか、他者の目を意識せず思考に没頭する人。つまり、権威主義者や、周囲を意識しない理屈っぽい人と考えられます。ただし、不安を感じて自分に触れていたいときに腕組みする場合もあるため、その際は自己親密行動を頻繁にとっていたい小心者と見なすこともできます。その二者の違いは、他の部分を含めた全体を注意してみればわかってきます。威圧しようとしている人ならば、強いまなざしで一点を見据えているでしょう。一方、不安でびくびくしている人なら、腕組みしながら猫背になり、落ち着きなくキョロキョロしているでしょう。

このように一つの癖からいくつかの可能性を考え、その上で状況やその人の他の行動を観察すれば、かなりの確率で相手の心をよみ解くことができるはずです。たとえば、本書の担当編集者は嘘をつくとピクピクと鼻の穴が広がるという癖があります。人は興奮したときに鼻を膨らませることが多いので、「鼻の穴が広がる」という現象は、喜んでいたり、怒っていたり、感情の起伏が生じていることがうかがえます。それが、喜んでも怒ってもいないのに、鼻の穴が膨らむとしたらどうでしょう。なんらかの事情で興奮していても、感情を押し隠していることを表しています。つまり、心に動揺があると推測できますね。となれば、「嘘をついているのでは?」と予測ができるわけです。当然ながら個人的に彼をよく知る人なら「嘘をついているときに出る癖」と知っているでしょうから、十中八九で嘘を見抜けるでしょう。

「癖をよむ」能力とは

癖をよむ能力に長けた職業の人は、たくさんいます。たとえば刑事や検事、弁護士などは、被疑者や目撃者などから話を聞く際に、嘘がないかと注意深く相手を観察します。また、教師も子どもたちの癖から、問題や悩みをよみ解き、対応の仕方を考えます。

もちろん、そこにはプロとしてのスキルや経験から蓄積された知識があります。とはいえ、彼らは決して特別な能力を持っているわけではありません。あなた自身も家族や親しい友人、知り合いに対しては、敏腕刑事と同じように、小さな癖から相手の性格を見抜き、考えていることや次の行動までも当てることができるのではないでしょうか。

つまり、相手に関心を持ち、些細なしぐさにも注意して、どんな意味が込められているのか真剣に考えるうちに、小さな癖から相手のことが見えてくるようになるというわけです。

このように「癖をよむ」ことを、もっと他の人に対しても正確に行えるようになれば、さらに仕事や人間関係に役立てることができるでしょう。

たとえば会社のなかで、いつもだんまりで、表情を出さない上司が出す「機嫌がよいときの癖」を知っていれば、企画書なども通しやすくなりますし、いつも愛想がよいお客さんだけれど、「困惑しているときの癖」が分かれば、ごり押しせず、改めて作戦を練り直すこともできるでしょう。このようなことは決して特殊なことではなく、人は無意識に「人のしぐさ＝癖」を観察しながら、相手の状況や心情を想像し、交渉に役立てたり、先回りして考えたりしているものです。それをさらに意識的に行うことで、相手を読む精度を高めることができるのではないでしょうか。

「人の癖」をよみとる能力を測る

「人の癖」をよみとり、それを活用していくためには、人のしぐさに敏感になることが大切です。つまり、「符号化」と「解読」のソーシャルスキル（社会的技法）が必要となります。「符号化」とは、情報を人間の記憶に取り込める形式に変えること、そして「解読」はそれが意味するものを理解することです。

それでは早速、あなたの「ソーシャルスキル」を診断してみましょう。相手が次の項目であげたような行動をとったと仮定します。そのとき、相手は「あなたを受け入れている」のか、「拒否しているのか」どちらでしょうか。それぞれ○×をつけてみましょう。

□①あなたが相手のもとを訪れた時、あなたの顔を見てデスクから立ち上がった
□②話をしている時は落ちついて座っており、あなたの動きを追う以外はあまり動かない
□③あなたが話している時、じっと目を閉じていたり、まばたきをする
□④まぶたを細め、瞳を収縮させる
□⑤あなたと同じ動きをしたり、表情をまねる
□⑥おかしいことを言わないのに笑う
□⑦動きが自然でリラックスしている
□⑧あなたが話しかけている時に、机の上のものをいじったり、置き直したり、引き出しを開けたりしている
□⑨上着やズボンからゴミを取るようなしぐさをする
□⑩上着を脱いだり、上着のボタンを外したり、ネクタイをゆるめたりする

□⑪必要もないのに眼鏡をかける
□⑫椅子に姿勢よく座り、前かがみに身を乗り出したりする
□⑬前髪で目を隠すような素振りをする
□⑭両手を頭の後ろに組む
□⑮あなたに見せるように置き時計を見たり、腕時計を見たりする
□⑯書類を受け取る時、必要以上にあなたのほうに身を乗り出す
□⑰頭や体を横に傾けたり、後ろに反らしたりする
□⑱頭や顔、あるいは鼻やその周囲をさかんに触る
□⑲腕は組まないで、デスクなどの上に軽くおいている
□⑳手や顔や口を隠さないで、体と顔があなたの方に向いている
□㉑立ったままの姿勢を崩さない
□㉒もっと、くつろげる場所に席を移す
□㉓デスクの上にある障害物（灰皿、コーヒーカップ、花瓶など）を取り除く
□㉔あなたの話に三回以上うなずく
□㉕話の最中に電話がなった瞬間、ニヤッと笑ったり、急いで受話器をとったりする
□㉖家族の写真やゴルフの賞品など、私生活に関わるものを見せようとする
□㉗話しながらあなたの体に軽く触れる

□㉘手を横に振って話をさえぎる

いかがでしたか？「受け入れている」のは①②⑤⑦⑩⑫⑯⑲⑳㉒㉓㉖㉗の13項目。こうした態度を取る場合は、あなたの話に関心があるか、あなた自身に好意をもっていると考えられます。それ以外の③④⑥⑧⑨⑪⑬⑭⑮⑰⑱㉑㉔㉕㉘については「拒否している」という意味であり、あなた自身に好意をもっていないのか、あなたの話に関心がない、聞きたくないと思っている表れといえるでしょう。

この質問は、相手の態度やしぐさから、相手の心理状況をよみとる「解読」を測定しています。正解率が高いほど、あなたの解読能力は高いと考えられます。つまり「癖」も人間の行動の一つであり、そこにまずは「気付いて」、そして「解読」することによって、相手の心理状況をよみとることができるというわけです。

もちろんこのテストに書かれた項目が、すべての人に当てはまるわけではありません。相手が偽っていることもあるでしょうし、もともとそうした「癖」がある場合も考えられます。たとえば、相手の話に関心があるときでも、自分の机の上のものを常に触り続けている人もいます。そうした癖がある場合は、「猜疑心《さいぎしん》が強い」「小心者」「落ち着かないタイプ」といった解釈が可能になるわけです。

こうした自分ならではのセオリーが実際の現場で活用できるようになれば、「癖」を読み解く能力はさまざまな場面で大いに活用できるでしょう。事実、相手の態度や動作からその心理状況をよみとることで社会的な成功をおさめたという人は、枚挙にいとまがありません。

「心をよみ解く」重要性を解くビジネス書も書店では大変人気があるようです。その先駆けとなったのが、アメリカのケン・デルマー氏でしょう。彼はわずか137ドルを元手に映像プロダクションを設立し、数年の後にロックフェラーセンターにオフィスを構えるまでになったアメリカンドリームの体現者です。ベストセラーとなった彼の著書『ウイニング・ムーブス（Winning Moves）』のなかには、彼がどうやって成功をおさめたかの秘密が書かれています。相手の態度や動作から「客が自分のことをどう思っているのか」、「受け入れられているのか」、「拒否されているのか」といった心理状態をよみとっていたというのです。

実は、先ほど行ったテストの項目は、彼が具体的にあげていた項目の中から抜粋し、私の方でいくつか加えたものです。彼が活躍していたのは、少し前の時代ですが、人の内面と行動の関係という普遍性を考えると、今でも十分通じるのではないでしょうか。

人の癖をよみとる「符号化」と「解読」

なお、先ほどのテストのような「符号化」された情報を「解読」する能力は、後天的に獲得されると考えられています。生まれて間もない乳児は、親の声の調子や様子などを敏感に察知するという研究もありますが、他人が泣いていたり、苦痛に顔を歪めていたりしても、それがどんな感情を表しているのか理解しているとは言い難いでしょう。しかし、もう少し大きくなり、言葉を覚えてくるようになると「悲しいから泣く」という単純な符号解読ができるようになってきます。さらに成長すれば、「悲しみをこらえて微笑んでいる」とか、「忌々しい思いで苦笑いをしている」といった複雑な心情や抑制された感情までよみとれるようになります。当然ながら、心の状態が現れた「癖」のよみとり能力も学習によって高まるのです。

とはいえ、こうした「癖」をよみとる能力は、前述したように人の経験や年齢、環境などによって差が出ることは明らかです。「符号を解読する」能力についても個人差があり、よみとっても自らの行動に移したり、感情を表現したりといった「符号化」が苦手な人もいます。もちろん両方の能力が高いに越したことはなく、そういう人こそ「付き合い上手」「コミュニケーションが巧みな人」といえます。

一般的には「符号化」「符号解読[*3]」ともに、女性の方が男性よりも優れているといわれています。これは感情を司る右脳と、論理的な思考を司る左脳をつなぐ「脳梁」が男性に比べて太く、左右の情報伝達に長けているからとされています。確かに甘え上手な反面、相手のちょっとした顔色や服装の変化、しぐさにまで変化を見逃さない女性は多いもの。「癖からウソを見抜ける」と自信満々に語る女性も少なくないでしょう。しかし、男性にも女性以上に気が利く人、心理的な駆け引きに巧みな人も多くいますから、個人差の方が大きいと考えられます。先天的なものはもちろんですが、後天的に「人の様子に関心をもつ」ことによってトレーニングされたと考えるほうが自然なように思います。

近年こうした人の感情の符号化と解読を苦手とする人の一つの症例として、アスペルガー症候群[*4]が広く知られるようになりました。しかし、幼児期に最もよくその徴候が現れるものの、成長につれてその症状は薄れていくことが多いとされ、学習による補完が可能と考えられています。

＊3 符号化と解読
人の感情は言葉だけでなく、声の調子や顔の表情、仕草や態度などに現れる。これを心理学の用語で「符号化」という。たとえば、ニコニコと笑いかけることによって「あなたに敵意をもっていませんよ」と、相手への好意を伝えている。また、試合前のボクシング選手のように敵を睨んで威圧するということも符号化といえるだろう。そして、「解読」は、この符号を読み取ることである。この人はニコニコしているから、私に敵意は持っていないだろう、好意を持っているのだろうと判断できる。こうした能力は、後天的に獲得されると考えられている。

＊4 アスペルガー症候群
1900年代にオーストリアの精神科医、ハンス・アスペルガーによって発見された概念。後にイギリスの精神科医、ローナ・ウィングの論文で紹介されたことで、医学界で認知されるようになった。知的障害がみられない発達障害の一種で、症状として「社会性の欠如」「コミュニケーション能力の欠如」「想像性の欠如」といった対人性の障害が具体例として出されることが多い。聴覚や視覚などの感覚が過敏になりがちで、社会生活においては周囲の配慮を必要とする場合もある。また、関心のあるものへの執着・集中力が高いことから特異分野で高い能力を発揮する場合も多い。幼児期に最もよくその徴候が現れるが、成長につれてその症状は薄れていくことが多い。

癖をモデリングして役立てる

癖を味方にして相手の本心を読み解き、それに基づいて自分の行動を変えるためには、どうしたらよいのでしょう。その方法の一つが「意図的なモデリング」です。

かつて「上司の猿まねが出世の近道」といった記事がニューズウィーク誌に掲載されたことがあります。いうまでもなく、人は賛同してくれる相手に好意をいだきやすいものです。しかし、どうやらそれだけではなさそうです。

ある実験を紹介しましょう。初対面の二人にしばらく話をしてもらい、あとで双方の印象についてききます。実は片方はサクラで、話をするときに相手のしぐさや動作をまねるように事前に指示されています。結果は、まねされた人は自分がまねされていることに気づかなかったばかりか、まねていた人をより好意的に評価したといいます。

つまり、生き馬の目を抜くようなアメリカのビジネス界においても、企業トップは自分と似た人を友人に選びたがり、部下に持ちたがるという傾向にあるというわけです。ニューズウィーク誌の記事によると「猿まね」として、癖ばかりでなく、考え方はもちろん、趣味や服装、自家用車の種類にまで至っているというのですからおもしろいものです。日本でも、上司の好みに合わせて、好きな球団や趣味を変える人がいると聞きますが、まさにモデリングを自分の出世に役立てているといえるでしょう。

マイクロソフト社では、重要人物が会議の際に椅子をゆする癖があったために、そこに同調する多くの部下たちが椅子をゆする癖があったときます。おそらくほとんどの人が重要人物に対して親和性を抱き、自然にその癖がついたのでしょう。でも、なかにはその重要人物に賛同の意思を表すために、わざとゆすったという人もいるかもしれません。いずれにしても「同じ癖」をモデリングすることで、重要人物との親和性を獲得しようとしているのです。

もう一つ、モデリングの効果には「その癖を持つ人」との同一化というものがあります。つまり、ある癖を持つ人のイメージを自分の中に取り込もうとしているのです。たとえば、北朝鮮の現在の総書記である金正恩は、髪型や服装、言葉だけでなく、演説の際に体を揺らす癖すらも、祖父であり初代総書記の金日正のまねをしているといいます。それによって、カリスマ化した祖父のイメージを取り込もうとしているというわけです。

「話し上手は聞き上手」のワケ

癖を活用するために最も大切なのは、「相手の話をよく聞く」「相手をよく観察する」ことです。それがなくては「癖をよむ」ことはできず、癖のモデリングもできません。まして相手の心をコントロールすることなど不可能でしょう。

決して切れ者というわけではない、むしろ控えめなのに「あの人に掛かると気難しい人でも説得されるんだよなあ」という人、あなたの周りにいませんか。そうした人は、ほぼ「相手の話をよく聞く」「相手をよく観察する」ことが多いようです。なぜ、それが癖を利用して相手を説得できることになるのか、逆のパターンから考えてみましょう。

たとえば「人の話を聞かない人」とは、どんな人でしょう。論理的な説得こそベストと考え、「言葉で人を説得しようとする」という人。また、相手に感情をぶつけて説得しようという人も相手の話を聞かないことが多いようです。いずれも「自分が話したいあまりに相手の様子を見なかったり、相手の話を聞かなかったりする」わけです。

プレゼンテーションや講演会のように、自分の話だけをしなければならない場面ならともかく、会議や相談、説得といったように、お互いが話し合う必要がある際に、発言を独占してしまうのは逆効果です。人は自分を受け入れていない人の話は耳にも入れようともしません。一方的に意見を押し付けられても、納得するはずがないのです。

たとえば、思春期のご自身のことを思い出してみてください。親や先生の言うことがどんなに理にかなったことでも、自分の言い分を聞いてもらえない相手の言葉は受け入れられなかったのではないでしょうか。むしろ、口を挟む隙もなく、まくし立てられると、ますます反発する気持ちが強まったはずです。加えて、自分の話ばかりをしたがる人に対して、「独善的」「排他的」「自信過剰」といったマイナスイメージを抱き、日常におけるコミュニケーションすら億劫になってきてしまう、ということがあったと思います。

これは思春期だけでなく、日常生活やビジネスの場面でも同じことが言えます。「話し上手は聞き上手」という言葉があるように、コミュニケーションが巧みな人はむしろ聞き役に回ることが多く、聞くことによって相手の信頼感、親和性を高め、結果として説得することが上手くなるというわけです。

さらに、聞き役になるということは、相手を観察する機会が多いということでもあります。相手が他のなにかに心を奪われているのではないか、自分の言うことを本当に受け入れているのか、本音を話しているのか、といったように、相手の様子がわかれば、あいづちの打ち方や視線などを合わせることができます。つまり「癖」を見抜き、相手の本音をより高い確度で理解できると考えられます。

癖への同調が信頼感を生み出す

相手が感情的になっている時に、次のことを試してみてください。まず相手が同じ意見と感じている時は、オーバーなほど相手の癖や動作とシンクロさせ、反対に相手が異なる意見と感じている場合は、やや同調を控えるなどをしてみましょう。その際にあまり否定的なサインは出さずに、あくまでニュートラルにしていることがポイントです。こうしたことを繰り返していると、不思議なほどに相手は落ち着きを取り戻しながら、少しずつあなたに対して心を開いていくはずです。

「同調」は人にとって心地よいもの。こうした行為を「相互の同調行動[*5]（インタラクショナル・シンクロニー）」と呼びます。基本的には、親しい人同士の間に生まれるもので、先ほどのモデリングと似ていますが、「同調ダンス」といわれるように、お互いに協力してまねしあうことを指します。本来無意識なものですが、作為的に同調することでも親和性を高めることができるといわれています。まさに、できるビジネスパーソンや交渉ごとの上手い人、コミュニケーション能力が高い人というのは、この「同調ダンス」の名人といえるでしょう。

うなずく、目を合わせる、微笑むなどが、簡単にできる同調行為ですが、たとえば、相手が手を広げる癖があるのであれば、同じように広げるなど、相手の状況を見ながら癖に同調することでお互いの親和性を高めることができるでしょう。

＊5 同調行動（インタラクショナル・シンクロニー）／interactional synchrony
相互的に関係した人同士の間で、行動が「同調して」起こること。無意識に人に合わせて行動することで親和性を高めようとする傾向がある。「屈従的な同調」「同一化による同調」「内存化による同調」の3種がある。「屈従的な同調」は、相手に認めてもらいたいという意図のもと、相手が求める行動を同調させること。「同一化による同調」は、相手に対して魅力を感じたときに、その人の考えや行動を取り入れること。「内在化による同調」は説明を聞くなどして合理的に理解することにより、納得した上で同調すること。

「相手の話を聞かない癖」は女性にも多い？

相手の話を聞かない人の多くは、自分の思考に集中していることが多いようです。その結果、相手との同調を忘れてしまうというわけですね。もっと厄介なのは、同調行動を繰り返しながらも、必ずしも話の内容に同調していない人です。そうした人は、そもそも内容をきちんと聞いているかどうかも疑わしい。以前「人の話を聞かない男」という趣旨の本がベストセラーになりましたが、どうやら女性にも多いようです。たとえば、女性の立ち話をこっそり観察してみると、相手のいうことには「そうよねえ」とあいづちを打ちつつも、話の内容はそれぞれ勝手なことを話していることも少なくありません。テンポもしぐさもバッチリ合っていて、すばらしい「同調ダンス」を踊っているのにも関わらず、相手の話はほとんど聞いていないのです。あくまで話の内容は二の次。そこでの会話で一番大切なのは、相手と同調しあう、仲よくなることなのでしょう。

こうした現象は、会話によって決済や解決策を模索するビジネスの場でも少なくありません。そんな場でも「同調癖」のある人は、内容を聞いていなくても同調した様子をみせるのです。そうした人にどんなに説明しても、同調のしぐさはしてくれますが、なかなか内容に同調してもらえません。田中角栄の「よっしゃ、よっしゃ」も口癖で、それが出たからといって必ずしも陳情が通るわけではなかったそうですね。どうやら「人の話を聞かない同調癖」には注意した方が良さそうです。

いよいよ実践！ 癖から相手の状態をよむ

それでは、実際に相手を観察しながら、さまざまな癖がどのようなシグナルを出しているのかを、実際に「符号化」と「解読」をセットで意識しながら考えてみましょう。

服装に出る「癖」から人をよみ解く

人は出会ってから二秒間という短い時間で相手の印象を決めてしまうといいます。米国の心理学者のナリニ・アンバディの実験では、学生たちに教師の授業風景を録画した音声なしのビデオを見せて、教師の力量を評価させました。その結果、見せる時間を十秒、五秒、二秒と縮めても評価が変わらなかったといいます。

さらに米国の心理学者アルバート・メラビアンの印象形成に関する実験[*6]では、身だしなみなどの外見が五五パーセント、話し方などの音声が三八パーセント、そして話の内容などの言葉が七パーセント影響するという結果が得られたといいます。初対面での印象は、短時間に情報が得られる外見で、ほぼ決まってしまうというわけです。

もちろん、よく相手を知る時間が長くなればなるほど、だんだん相手に関する情報が増え、見た目だけで判断することは少なくなってきます。しかし、営業職や接客業など、多くの人達と短時間で関わる仕事では、「メラビアンの法則」にかなりの影響を受けると考えられます。時に、ビジネスマンの仕事の出来不出来は「見た目八割」が影響するともいわれます。ぱっと見た感じで、仕事ができるのか、信頼できるのかを人は判断しているのです。

そうなると影響が大きい分、誰もが気を使う部分で個性が出にくいともいえますが、それでも出てしまう「小さなところ」から「その人の人となり」が推測しやすいとも考えられます。まずはビジネスシーンでの「見た目」に出る癖から分析してみましょう。

＊6 心理学者アルバート・メラビアン
米国の心理学者。感情や態度が矛盾している際の相手の印象形成に関する実験で、話の内容などの言語情報7%、口調や話の早さなどの聴覚情報38%、見た目などの視覚情報55%という結果が得られた。この割合から「7－38－55のルール」と言われる。また、「言語情報＝Verbal」「聴覚情報＝Vocal」「視覚情報＝Visual」の頭文字を取って「3Vの法則」ともいわれている

スーツの「癖」

スーツは、いわば「社会人」の制服のようなもののため、サラリーマンの一般的なイメージをそのまま受け継ぎます。医師の白衣なら冷静沈着なイメージ、警察官なら正義感溢れる

人のイメージというように、人は連想します。そして、制服を着ている人も、そのイメージに合った行動をとろうとします。また、ありたい自分になるためにその制服を選ぶ人もいます。最近、コスプレーヤーと称して、アニメやマンガの扮装をする若者がいますが、それと同じように制服を着ることで「なりきり」気分になるというわけですね。これを上手に利用すれば、やる気のない朝もスーツをパリッと着ることで、できるサラリーマンになった気分になり、仕事へのやる気が生まれるでしょう。

実際、世の中におけるスーツは好印象に受け取られています。信号が青に変わる前に横断歩道を渡りはじめる実験を行ったところ、実験者がスーツを着ていると多くの人がつられて渡り、実験者がカジュアルな格好をしているときよりもずっと多かったのです。スーツを着ている人＝「きちんとした社会人」であり、そういう人が渡るなら自分も渡って大丈夫だと判断したのだと思われます。

では、その制服＝スーツの着方について、どんな癖があるでしょうか。皆さんの周りを見渡してみると、意外にいろんな癖が見えてきます。

○腕まくりをする人

なにか作業に取り組むときに、物理的に邪魔になる袖をまくり上げる。それが本来の目的です。その上で自分に対しても、他人に対しても「やるぞ〜！」と、やる気を見せているわけですね。これが癖になっている人は、そのままやる気を見せたい人、力を見せたい人といえるでしょう。周りを鼓舞する意味もあるので、自己顕示欲の強いムードメーカーというわけです。ただし、単純に長袖シャツのボタンをするのが嫌いという人は、ネクタイが苦手であることも多いはず。拘束されるのが大嫌い、自由気ままを求め、短気でせっかちという人に見られる癖です。

○ネクタイをすぐにゆるめる人

こちらもシャツの袖のボタンを留めるのが嫌いな人と同様、拘束されることが嫌いな自由人。ただし、いつもゆるんでいる人とは違って、いつもはしっかりネクタイをしているけれど、仕事が終わって居酒屋に入るとすぐにゆるめるといった人は、場の空気をよむのが上手な人といえるでしょう。大げさにゆるめる人は、相手にもリラックスすることを求めている場合が多く、上司ならば、「お前もリラックスしろよ」と部下に対してさりげなく伝えているわけです。やや親分肌で、おせっかいな所もある人なので、困ったことがあれば親身に相談に乗ってくれるでしょう。

○どんな場面でも服装を乱さない人

みんながネクタイをゆるめている中で、きっちりとネクタイをしたままで上着も脱がない。

そんな癖を持っている人は、几帳面なだけ？　いえいえ、もっと深いところに理由があり、心を人に開くのが苦手な人かもしれません。人は相手と親しくなりたいときには自己開示をすることで、相手の心も開こうとします。そのために、リラックスした場面ではくだけた態度や言葉遣いになったり、自分の失敗談や悩みをそれとなく話したりするもの。それをかたくなに拒み、自分からもリラックスしようとしないということは、その場を拒んでいるのか、周囲の人を拒んでいるのかのどちらかといえます。いずれにしても「早く帰りたいなあ」と思っているのは間違いないでしょう。

○服装がよれよれの人

収入に問題がないのに、服装がいつもよれよれ。「仕事ができない人」「だらしない人」と見なされてしまい、あまり得なことはありません。これを癖といってよいのか迷うところですが、心理学的にいえば「自己観察＝セルフモニタリング」[*7]ができてない人というところでしょう。セルフモニタリングとは、自分を自分で点検すること。「仕事ができそうに見えるか」「信頼できる人に見えるか」というように自分を自分で点検することで、人は身だしなみを整えます。それが苦手なために、よれよれの格好をしているというわけです。このセルフモニタリングが苦手な人は、自分の外見よりも他のことに関心がある場合が多く、基本的にマイペースでおおらかな人が多いといわれています。

別の言い方をすると「公的自己意識」[*8]が弱い人ともいえますね。他人からどう見られているのか意識することですが、それに対して「私的自己意識」[*9]は自分の内面や個人的なことに注意を向けることを指します。セルフモニタリングは公的自己意識が高い人の方が得意な傾向があります。

＊7 自己観察（セルフモニタリング）／self monitoring
自分の行動や考えや感情を自分で観察記録すること。
＊8 公的自己意識／public self consciousness
自分の容姿やふるまい方など、他人から見られている自分の外的側面を意識する傾向。
＊9 私的自己意識／private self consciousness
自分の感情や考え、態度など内的なもので、他者は直接知ることができないような側面に注意を向けやすい傾向。

○上着を肩にかける人

上着を脱いで肩にかけたり、羽織ったり、フーテンの寅さんを彷彿させるようなしぐさをする人が中高年には見られます。これは、ちゃんと着るのが面倒、暑いけど脱ぐほどでもないという合理的な理由もありますが、任侠映画や刑事ドラマなどに影響を受けているだけなのかもしれません。上着を肩にかけて英姿颯爽というのは、そこに登場する「ちょいワル」ヒーロー定番のしぐさでした。今の若い人には通じない「アウトローのしぐさ」というわけです。

こうした鏡のように相手をまねるのは、似せることによって対象のかっこ良さを取り込み

スーツの着こなしの癖に出る「ソーシャルパワー」への傾倒度

最近の空き巣は、きちんとしたスーツを来ているそうです。ラフな格好よりも、スーツを着ている人の方が信用されることが多く、不自然な場所にいても不審がられないからだそうです。こうしたスーツに対する信頼感や正当性のような要素を社会的勢力（ソーシャルパワー）[*10]といいます。たとえ中身がともなっていなくても、服装さえきちんとしていれば得られる力なので、その空き巣はこの効果を理解して意識的にスーツを選んでいると思われます。

一方、スーツを選ぶ、選ばない、きちんと着こなす、着こなさないといった選択を無意識に行っているとすれば、考え方の癖、生活習慣の癖ということができるでしょう。そこにソーシャルパワーへの効果に対する無意識な傾倒度がわかるかもしれませんね。

＊10 社会的勢力
「ソーシャルパワー」とも呼ばれ、個人・集団が、他者・他集団をある方向に行動させる潜在的な影響力のこと。

たいという気持ちの表れといえるでしょう。実はまったく小心者で生真面目でも、外見はちょっとワルに見られたい。そんな時に無意識に行っていたことが癖になってしまったというわけです。つまり、そうした癖を持っている人は、映画やドラマに感化されやすいお調子といえるでしょう。

スーツは正統な着方が決まっているため、ちょっとした癖が目につきます。意外に「カジュアルフライデー」よりも、スーツの方がその人の着方の癖が見えるのかもしれませんね。

靴の「癖」

一流のホテルマンなど接客のプロは、服装よりも「靴」で人を判断するそうです。革の質や形は当然のこと、靴底のかかとの減り具合や手入れの状態などもチェックするとか。また、ビジネスにおける「諫言《かんげん》」として、「仕事のパートナーなら、古い靴をきれいに履いている人がベスト」という言葉があるそうです。物を大切にすることは、そのまま人間関係を大切にすると判断されるからでしょう。

その他にも、靴と人柄を結びつけるエピソードは枚挙にいとまがありません。たとえば、高村薫のベストセラー『マークスの山』『レディ・ジョーカー』などに登場する有能な刑事、合田雄一郎は常に白いスニーカーを履いています。他の刑事が革靴を履き、底をすり減らしているというなかで、颯爽と真っ白なスニーカーで登場し、スマートに事件を解決していきます。その姿に革靴派の他の刑事たちは激しく嫉妬し、異端扱いします。有能だけど、決して組織の中では高評価ではない。合田刑事にとって、スニーカーは警察という堅苦しい組織に対するアンチテーゼというわけです。

また女性においても、靴は人を表す小物だといわれています。フィリピンを追われた独裁者マルコス元大統領の夫人、イメルダ女史は「靴部屋」ともいわれる巨大な部屋に、数千もの靴を所有していたといわれています。フェラガモやシャネルなど、いずれも高級ブランドばかり。服装以上に靴は「豊かさと権力の象徴」といわれていますが、彼女の強い権力志向、身内を取り立てるなど公私混同ぶりが想像できるエピソードといえるでしょう。

○ひも付きの靴を好んで履く

昔はスーツにはひも付きの革靴が必須でしたが、今はさまざまなデザインがあり、スリッポン型の靴が人気のようです。そのせいでしょうか、ひも靴はやや正統派のイメージがありますね。また、足に合わせて調節ができるので、スマートな印象もあるでしょう。しかし、靴を脱ぐことも多い日本では、ひも靴はなかなか面倒なもの。そのため、ひもが付いたまま脱ぎ履きする人も少なくないようです。それでもあえてひも付きの靴を好んで履く人は、冒険に憧れつつも、常識や権威に弱いタイプ。つまり、自らの欲求などを縛っておこうとする心理が働いていると考えられます。そのため、リスクを冒すよりも、迷いながらも安全ルートを進むことを選ぶことが多いようです。

○靴のかかとを踏む

気にしないだけの場合と、破壊欲求が現れている場合があります。いずれも社会的にはだらしない、望ましくないというように評価はよろしくありません。前者の場合は、ペタペタ歩くことに安心感を抱くことが多く、布団は敷きっぱなし、机は散らかっている状態であることが多いでしょう。自分の周りが乱れていることで安心感を得ているわけですね。比較的おおらかで気のよい人なのですが、お金や時間にルーズなところがあるようです。後者の場合は、攻撃的で社会や他人に不満を持っていることが多く、気分が高揚すると器物破損もしかねません。あまり近寄りたくない人のようです。全体の雰囲気を見ると、どちらのタイプか判断できるでしょう。

○磨いていない靴を履く

靴のメンテナンスは意外に時間がかかるものです。踏まれた跡が残っていたり、ほこりが付いたりした靴をそのまま履いている人は、どこか心にゆとりがない場合が多いようです。単純に忙しくて時間がとれていない場合もそうですが、なにか悩みや心配ごとがあって、心の大部分を占めている場合なども同じような状態に陥ります。こうした状態が癖になっている人は、タイムマネジメントが苦手な人、もしくは気持ちの切り替えが苦手な人といえるでしょう。

○靴の裏側の減り方がいつも同じ

靴の裏側の減り方で、歩き方の癖が分かり、性格がわかるといわれています。たとえば、つま先の内側や先端が減る人は前のめりに歩いていたり、急に方向変換したりという癖があります。つまり、せっかちで短気、慌て者ということがいえますね。一方、後ろ側が減る人は、かかとを擦って歩く癖のある人。つまり、ゆっくり大股で歩くわけですから、おおらかでのんびりとしている場合が多いでしょう。ただし、外側が減る場合は、がに股になっていることが多いので、男性の場合はともかく女性は意識して直した方が良さそうです。逆に踵の内側が減る人は内股気味なので、特に男性は弱々しい印象を与えます。

○派手な靴を履く

服装がダイレクトに自分の主張を表現する場だとすると、靴は密かな自己主張の象徴です。江戸時代の裕福な町人は、かつて見えないところであるのにも関わらず、羽織の裏地に凝っておしゃれを楽しみました。それと同じように、面積としては小さな場ではありますが、靴に凝ることでさりげなく自己主張をしているわけです。しかし、あまりにも場にそぐわない派手な靴を履いている場合は、その加減を知らない、今でいうKY（空気よめない）な人といえるでしょう。

○いつも同じ靴を履く

靴は装飾品であると同時に、歩くための機能性が求められる実用品でもあります。靴自体の機能性はもちろん、履き慣れた靴を履く人は機能性を重視する人といえます。ただし、靴にもTPOがあります。それにも関わらず、頑に同じ靴を履き続ける人は、頑固でマイペースな性格と思われます。さらにその靴が常にメンテナンスされ、磨かれている状態ならば、生真面目で実直な人であることもうかがえます。逆にTPOに合わせて靴をしっかり選べる人は、柔軟で合理的、大人らしい判断ができる人といえるでしょう。

○靴だけにはお金をかける

本当におしゃれな人は、小物にしっかりお金をかけるといいます。靴はもともと上流階級の人しか履いていなかったもの。そのため、今も権力や財力の象徴と考えられています。つまり、靴にしっかりお金をかけ、手間ひまをかける人は、それだけ上昇志向が強いといっても良いでしょう。ただし、上昇志向も靴にかける費用もバランスが大切です。服が安物で着こなしすらしっかりできていないのに、靴だけは高価なものを身に付けているような人は、どこか精神的にもアンバランスなところがあるようです。昨今、フランスの靴デザイナー「クリスチャン・ルブタン」の靴を好んで履く「ルブタン女」と呼ばれる女性が話題になりました。住んでいるマンションの家賃よりも高価な靴を、昼食を切り詰めてまで買うのだとか。そうした女性は、どこか夢見がちで上昇志向。虚栄心が強いと考えられます。とはいえ、赤いソールがチラ見えするハイヒールはとても魅力的。男性の皆さんは、ゆめゆめ惑わされないよう気をつけましょう。

小物の「癖」

靴以外の小物についての「癖」にも注目すると、相手のおもしろい心理が浮かんでくるかもしれません。例えば、ビジネスシーンで使う「カバン」はどうでしょう。これも靴と同じように「癖」が出やすい部分。意外な人が、意外なカバンを持っていたりします。たとえば、スーツはびしっと着ているのに、リュックサックや斜めがけのカバンなどカジュアルなものを持つ若い人も増えていますね。ただそうした意図的なものよりも、つい出てしまう「癖」に注目するとよりその人の内側を推しはかることができるでしょう。

○いつものよれよれのカバンを愛用

物を大切にする、といえば聞こえはよいのですが、どうやらそればかりではないようです。こうした人はあまり外見を気にしないため、骨太でおおらかな印象がありますが、ひとたびヘソを曲げると、なかなか説得することが難しいのです。実はこだわりが強く、人の意見に耳を貸さないことが多いでしょう。

○カバンの中が片付いていない

カバンの中はある意味その人の頭の中。カバンにいろいろ物が入っている人は好奇心が旺盛で、冒険心があるエネルギッシュな人といえるでしょう。しかし、残念ながら気が散りやすく、おおざっぱなので、なかなか現実的にはことが運ばないものです。特にポケットの多いカバンを選んでいる人は、夢はいっぱいだけど、散漫になり過ぎてどれも実現できないことが多いようです。一方、そうしたポケットの多いカバンを最大限に活用して、しっかりと整理整頓ができている人は、夢に向かって現実的に一歩一歩着実に近づいていく力を持っています。やや神経質なところもありますが、几帳面で確実に物事をこなす信頼できる人といえるでしょう。

○紙袋を持ち歩く

あまり社会人としてはよいマナーとはいえませんが、マイペースでおおらか、周囲の目を気にしないので、付き合いやすい人です。ただし、あまりにもボロボロの紙袋を持っていたり、客先に行く資料を紙袋に入れて持ち運んだり、あまりにもTPOを考えない人は、人との距離感を測るのが苦手な人なのかもしれません。

○空《カラ》なのに良いカバンを持っている

中身を保護するためにしっかりとしたカバンを持つ人は、とても合理的。しかし、たいした書類でもないのに、ジェームス・ボンドばりにアタッシュケースなどのしっかりとしたケースを使う人は、形から入る見栄っ張り。「仕事ができる人」というイメージを利用して自分の力を誇示する威圧的な人か、そのイメージに酔っているナルシストといえるでしょう。

ビジネスシーンでの小物といえば、時計や手帳なども該当しますね。

そこからはどんな癖がよみとれるのでしょうか。

○毎年同じ物を買う

保守的で自分なりのこだわりを大切にする人です。一度愛着を持った物を大切にするのは、人間関係についても同じ。なかなか近寄り難い面もありますが、一度親しくなると長期に渡って関係を続けようとします。やや粘着質なところもあるかもしれません。

○端っこを折り曲げてしまう

会議や打ち合わせ中に手帳の端をついつい曲げてしまう人は、やや幼稚な人です。自己親密性が高く、落ち着かなかったり、手持ち無沙汰だったりすると、ついつい手元のなにかを触ってしまいます。ストローの端を噛む、消しゴムを爪でぼろぼろにするなども、このタイプに多い癖です。

○常に小物に触っている

手帳の端を折り曲げてしまうという人と同じように、常に不安を感じて落ち着かないタイプです。寂しがりやの面もあるでしょう。一見堂々と見える人でも内側では不安との葛藤が渦巻いているはず。裏を返せば、不安と戦い、それを克服しようとしているというわけです。プレッシャーに弱いようで強いタイプといえるでしょう。

○物をついなくす

小物をよくなくす癖のある人は、とてもアグレッシブな人です。次から次へと関心が移ってしまうために、ついつい注意が散漫になるわけですね。一見ぼんやりとしているように見えますが、頭の中ではさまざまなことを考えています。

○手入れをしない

基本的に面倒なことが嫌いという人ではありますが、物を買うのに手入れはしない、釣った魚に餌を与えないという人は、買い物依存症の傾向もあります。所有することで満足する傾向があり、片付けも苦手なので、部屋は散らかっていることが多いでしょう。

初対面で出る「癖」から相手を見抜く

挨拶の癖

出会ってすぐの挨拶は、その人の印象を決める大きな要因の一つです。まなざしやしぐさ、声の大きさなど、挨拶が与える印象は、最初の数秒で決定づけてしまうほどのインパクトといわれます。そこに独特の癖があると「ちょっと変わった人」と思われがち。そこにどんな意図が隠れているのか分析してみましょう。

◯目を合わせずに挨拶する

どこか自分に自信がないタイプです。相手に対して引け目を感じているために目を合わせずにいるわけです。もし、そうした気弱なタイプでないのに、目を合わせない場合はどこか相手にやましい感情を抱いていたり、隠し事をしていたりすると思われます。ただし、詐欺師はそうした人の心情を逆手にとって、目を見て話すといわれています。妙にしっかりと目を見て話そうとする人は、逆に疑っても良いかもしれません。

◯挨拶されてからする

相手よりも優位に立とうとする人の行為です。動物の世界では、劣位にある方が先に挨拶をする傾向があります。しかし、本当に自分に自信がある人は、こうした些細なことは気にしません。気軽に自分から声をかけることが多いようです。そう考えると、意固地になって自分から挨拶することを拒む人は、自分が劣っていることに気づいていながら、形式的に相手よりも上に立とうとする幼稚な人といえるでしょう。

◯声が妙に大きい

声の大きさは、身体的な個性にもよりますが、意図的なものである場合は、その場の主導権を取りたいと思う気持ちの強さのバロメータといえます。つまり、「自分がここにいる」と大きな声でアピールしているわけですね。その目的が単なる自己顕示欲なのか、落ち込んだ空気を吹き飛ばすための意図的なものなのかは、その場に応じて変化しますが、少なくともその場での会話の主役になりたいという意思の表れといえるでしょう。

◯妙に至近距離で挨拶する

初対面で妙に近づく人。ちょっとドキッとしますよね。人と人との間には、心地よいと感じる距離があります。その距離を「パーソナルスペース」[*11]というのですが、文化や民族、風習などで大きく変わってくるといわれています。そのなかで、日本人は比較的距離が広めの民族。日本人でも近くまで寄ろうとする人は、やや相手との距離感がつかめない人といえるでしょう。また文化的に狭い国での影響を受けている可能性もあります。肉親に外国人がいるか、帰国子女やインターナショナルスクールの出身なのかもしれません。いずれにしても、単に「仲よくなりたい」という意思表示でない可能性もありますから、勘違いしないよう気をつけましょう。

***11 パーソナルスペース／personal space**
他人に近付かれると不快に感じる空間距離のこと。1966年、アメリカの文化人類学者のエドワード・ホールは、パーソナルスペースを4つのゾーン（密接距離・個体距離・社会距離・公共距離）に大別し、それらをさらに近接相と遠方相の2つに分類した。一般に女性よりも男性の方が広いとされているが、社会文化や民族、個人の性格や相手によっても差がある。

会話時の癖（視線）

ビジネスの場面での会話は、おそらく緊張した状態であることが多いでしょう。その際に出る癖で、自分の話に興味を持っているのか、共感しているのかが推測できます。まずは、顔のなかでも目に注目してみましょう。視線をどのように合わせてくるかで相手が自分をどう思っているのかが分かります。それでは、この中で一番あなたに親しみや共感を抱いているのはどれでしょう？

○じっと見つめてくる

初対面で「じっと見つめてくる」というのは、単純に関心があるだけでなく、あなたのことを警戒しているか、挑戦的な感情を抱いている可能性があります。じっと見つめる癖を持っている人は、近眼の場合もありますが、基本的に相手を威圧し、上位に立とうとする傾向がある人といえるでしょう。

○視線を合わせない

視線を合わせない場合は、あなたに関心がない、もしくは否定的な感情を抱いている可能性があります。急にその傾向が現れた場合は、「その話題についてこれ以上話し合いたくない」「興味がない」という合図です。どんな場合でも、視線をそらす癖を持っている人は、内向的で疑い深い人が多いと考えられます。

○時々目を合わせる

一方、適度に視線をそらし、ときどき目を合わせてくるという人は、この中では一番好意的と思われます。表情も柔らかい印象ならば、その傾向はさらに高まります。あいづちも親和性が高い合図ですね。ただし、この行為は意図的であることもあり、それによって本心を隠している場合もあります。適度に視線を合わせながらあいづちを打てる人というのは、コミュニケーション能力が高い一方、なかなか本心が掴めない厄介な相手といえるでしょう。その場合は、他の癖を手がかりとして本心を探りましょう。

○横目で見下ろす

逆に視線を急に外したり、横目で見下ろしたりする人は、あからさまにあなたに対して否定的な感情を持っている人です。しかし、それが明らかにできるほど関係性に上下がある以外は、隠すべき感情が表出しているわけですから、素直に感情が出やすい人といえるでしょう。こうした表情が癖になっている人は、人との関わり方が苦手な人で、ストレスの多い環境にあるのかもしれません。

○視線をそらす

視線をそらすという行為には、自分の記憶にあるものを思い出したり、もしくは経験のないものを想像したりという意味があるといわれています。心理学の実験では、その目の方向で考えているものが異なる傾向にあることが明らかになりました。たとえば、面接時に「この会社では残業は多いのですか」と聞いたとき、「いいえ、ほとんどないですよ。みんなで飲みに行くことも多いです」と答えながら目をそらせた場合、目をそらせた方向によって内側に持っている感情が異なっていると考えられます。この「視線の方向」に一定の法則があることを、アメリカの心理学者ウイリアム・ジェームズが実験により示唆しています。

それでは、次の視線の方向で話している人のうち、嘘をついていない人は誰でしょう。

○視線が左上に…自分の体験や、今までに見た光景を思い出そうとしている
○視線が右上に…今までに経験したことのないことを想像しようとしている
○視線が左下に…音楽や声など、聴覚に関わるイメージを思い描いている

◯視線が右下に…肉体的な痛みや感覚など、身体に関わる事象を思い出している

左上に目線が動く人が、自分の体験や今までに見た光景を実際に思い出しながら話しているわけですから、一番本当のことを言っている可能性が高いと思われます。逆に右上に動く人は、経験したことのないことを想像しようとしているわけですから、嘘をついている可能性が高いと考えられるでしょう。

しかし、人は嘘をついている時や自信がない時などに、右上に動く視線を無意識に自分で遮ろうとする癖があります。その現象が「目が泳ぐ」「まばたきが増える」というものです。これが固定化して癖になっている人は、自分の発言に自信がなかったり、どこか偽っているところがあったり、もしくは相手にそう思われがちなので会話にストレスを感じている、というケースが多いようです。そうした人には、前出の時々目を合わせ、うなずくなど、「あなたを疑っていませんよ、親しみを持って聞いていますよ」というしぐさで向き合うと、徐々にリラックスして話をしてくれるかもしれません。

ただし、実は視線は人が注目しやすい部分でもあるので、意図的にコントロールしようとする人も少なくありません。先ほども解説したように、詐欺師は絶対に視線を外さないといいます。「嘘をついている」のを見破られるのを防ぐため、意図的に見つめてくるというわけです。また、女性に関心が生まれてくる思春期に、男子は女子を視線から外そうとします。

これは自分が関心を持っていることを他の人に気づかれたくないため。視線の癖から心をよみ解こうとすると、視線が表している裏の裏まで想像する必要があるといえるでしょう。

会話時の癖（口元）

視線以外の表情で癖が出やすいのが、口元だといわれています。特に笑顔については、人によって、また場面によってさまざまな表情が現れ、大変興味深い実験が行われています。

相手と親しくなる方法として相手との距離の取り方や、視線の合わせ方、話題の種類などが重要とされていますが、近年、そこに「笑い」が大きな役割を果たしていることが指摘されています。

同じタイミングで笑えることは、人にとって親近感を覚えるものです。気の合う同士は「笑いのツボが一緒」ともよくいいますよね。それを逆手にとって、同じタイミングに笑うことで、親密さを演出することができるのです。たとえばお愛想笑いなどもそうです。話の長い近所の奥さんにもニコニコと対応している人、上司のくだらない洒落に笑ってみせる部下など、笑いによって相手との親和性を深めよう、もしくはその場を柔らかく切り抜けようという場面は、大人になれば誰にでもあることです。

こうした笑いに共感性が出るのは、当然のことで、親しい友だちと笑い方を合わせているうちに、自分の笑い方の癖になっているということがしばしばあります。友人に片頬を上げて笑う癖の人がいるのですが、その父親も同じように片頬を上げて笑うそうです。しかも、鏡に映したように反対なのだとか。この親子はとても仲が良いので、子どもが親の笑顔の癖を無意識にまねているうちに移ったといえるでしょう。

それでは次の中で、本当に相手に関心を持っている口の動きはどれでしょう。

○口を尖らせる

関心なし。関心がないどころか、なにか反論があるかもしれません。言いたいことを抑えているときに出やすい癖です。

○舌なめずりをする

関心あり。見た目としてあまり良い癖ではありませんが、好きなこと、楽しいことをしているときに出やすい癖です。ノリノリで話を聞いているということでしょう。

○一文字に結ぶ

関心なし。口をしっかりと閉じることは、拒否の表れといわれています。魅力あるものを前に、頑なになっているときも出やすい表情です。一見、真面目に見えますが、聞き流しています。これが癖になっている人は、頑固で一途なタイプでしょう。

○目は笑わないが口元がゆるむ

関心あり。目よりも口元の方が偽りにくいとされています。目では毅然としていても、口元がゆるんでいては興味があることがバレバレです。

○舌を頬の内側に押し付ける

関心なし。これも口を尖らせるのと同様、なにか不満があって発言したいときに出やすい癖です。口を尖らせる場合とともに反論であることが多いでしょう。

会話時の癖（手）

顔の表情に加えて、本心が出やすいのが「手の癖」です。目や表情に比べるとノーマークなので、むしろ本音が出やすい、わかりやすいといえるでしょう。基本的には手のひらを相手側に向けている状態が、心も開いている状態です。逆に手を堅く握るなどの行為は、自分に触れることで不安さを消そうとしている心の現れで、相手への不信感や緊張感を持っていると思ってよいでしょう。つまり、癖についてもそれぞれが固定化したものと思えばわかりやすいかもしれません。つまり、外交的な人は手を開き、内向的な人は手を閉じるということです。

それでは、次のうち、話を聞いてくれそうな肯定的な人の癖はどれでしょう。

○手を広げ、手のひらを見せる

肯定。無意識であれば誰に対してもフランクでオープンなタイプです。欧米では心を開いているアピールでもありますが、意図的に行っている場合もあるので注意が必要です。

○両手を足の上に乗せ、肘を張る

否定。肘を張るのは、緊張のシグナル。この癖がある人は、警戒心の強いタイプで、コントロールされることを嫌います。

○机の物に頻繁に触れる

否定。なにかストレスを感じているのでしょうか、自己親密の対象として机の物に触れています。せっかちで落ち着かず、じっくり話を聞くのが苦手です。対人恐怖症にもよく見られる癖です。

会議に見られる「スティンザーの三原則」とは

アメリカの心理学者スティンザーの研究「スティンザーの三原則」によると、どんな会議室でも次の3つが当てはまるといわれています。

（1）対立することが多い相手は、向かい合わせに座る
（2）ある意見に対する反論は、その意見の直後に出やすい
（3）議長役のリーダーシップが強すぎると、隣の席の人との私語が増え、弱すぎると向かい合った席の人との私語が増える

このうち（1）と（2）については、対策を立てれば会議を有利に進めることができます。たとえば、自分の正面にあえて座る人から反論が出やすいわけですから、その人の反論に対する反論や説得材料を準備しておくとよいでしょう。いつも反論してくる人の座る位置を変えてみるのも効果があるかもしれませんよ。

○二人の間の物を片づける

肯定。パーソナルスペースが狭く、親しみやすいタイプです。話の内容についてしっかり話を聞きたいというより、話す人に対して親和性を感じていることが多いようです。

○体の前で手を組む、握る

否定。威圧的、もしくは強がる傾向があり、話の内容に対して疑い深くなっています。この癖が出やすい人は自信家で頑固なタイプといえるでしょう。

○手や指で額を押す

否定。他のことを考えていたり、ストレスを感じていたりしており、かなり神経質なタイプです。多くのことを処理するのが苦手で、一つのことに集中して取り組みたい人でしょう。

手のひらというのは、人の心と直結しているといわれています。握手をすると、相手を裏切りにくくなるというデータもあるほどです。ですから、相手と自分の手のひらの間に距離や障害をつくろうとすればするほど、相手に対して不信感や嫌悪感を感じているといえるわけですね。

プレゼンテーションときの癖

人になにかを伝えるプレゼンテーションは大変緊張する場面です。それだけに、さまざまな癖が出やすいといえるでしょう。相手がどれくらい緊張しているのか、本当のことを言っているのか、自信があるのか、といったことを緊張時に出る癖から判断するのです。

最も緊張がわかりやすいのが、自分で自分を触る「自己親密行動」でしょう。不安になると、人は親しい人に触れられることで安心感を取り戻そうとします。しかし、プレゼンテーションのような公の場では、親しい人に触れるわけにはいきません。そこで、自分で自分に触れることで不安を紛らわせ、気分を落ち着かせようとしているわけです。こうした行動で自分の緊張を和らげようとしているわけですから、自分のコントロールが上手な人といえるかもしれません。ただし、もともとの心理は同じ「自己親密行動」でも、触れる場所や触れ方によって意味合いが多少違ってきます。

○髪の毛、ほお、頭に触れる

他者からの承認を得たいとき、シンプルに言えば「励ましてほしいとき」「認めてほしいとき」に出やすいしぐさです。信頼を寄せている他者に触れてもらい、慰めてもらいたいという気持ちの現れです。頻繁にこの癖が出る人は、あまり自分に自信がなく、他の人に認められることを望む傾向にあります。

○指で唇をなでる

指先で唇にふれるのは、不安感を感じて心の平静を取り戻したい気持ちの現れです。実は乳幼児がおしゃぶりをすることで安心感を得るのと関連があると考えられています。この癖が頻繁に出る人は、自分の中で不安を処理しようとするタイプが多いでしょう。爪や指を噛むのも同じ心理からです。

○手をもむ

心配というより、やや武者震いを抑えるような意味をもつしぐさです。頭のなかで手順などをシミュレートするなど、比較的冷静な状態にあるときに出やすい癖です。緊張しているときにこの癖が出やすい人は、比較的自信家でアグレッシブな人が多いでしょう。

○腕を体の前で組む

自分の胸を抱きかかえるように腕を組むのは、緊張や不安を和らげようとする気持ちの現れです。しかし、前かがみに腕を組みつつ、視線をまっすぐにむけて一点を睨む場合は、猜疑心や拒絶、怒りなどが内側にあることによる緊張と考えられます。この癖が出やすい人は、生真面目でストレスを溜めやすいタイプです。ややキレやすいところがあるので注意が必要です。

○オーバーアクション

話すうちにどんどん身振り手振りが大きくなっていく。そういう癖のある人は、サービス精神が豊かで注目されたい人です。実際、オーバーアクションは人を惹き付けますし、話もおもしろい場合が多いのですが、実際より大げさであったり、嘘が混じっていたりする場合もあります。ペースに巻き込まれることなく、冷静に話を聞く方が良いでしょう。

○相手に話を急に振る

プレゼンテーションで聞き手を引き込む方法として意図的に使われていることも多いのですが、そのときに相手を差す手の動きに注意しましょう。手のひらを向けて「どうですか?」とソフトに話を振る分には問題ないのですが、相手を指差したり、ペンなどで指したりする人には注意が必要です。突きつけた「先端」には、剣先や槍などの意味があり、威嚇や挑戦を表すといわれています。そうした癖がある人は、攻撃的で人との競争を好む場合が多く、さらに面倒くさいことに相手を自分より上と見なした場合に特に顕著になります。つまり、自分よりも立場が強い人に対して、実際には小心者で卑屈になりがちなところを、無理に虚勢を張っているというわけです。基本的には相手より優位に立つことで安心を得ようとする気弱な人なのですが、指された相手の気持ちを考えない自分本位な人ともいえます。あまり関わらない方が賢明かもしれません。

プレゼンテーションを聞くときの癖

それではプレゼンテーションを受ける側の癖について考えてみましょう。たいていの場合、プレゼンテーションをする側よりも受け身でリラックスしていることが多いので、無防備に癖が出ていることが多いのです。それでは、次のどちらが興味を持って聞いていると思いますか？

(1) 足の向き

A：体は真っすぐだが足を組んでいる、ひんぱんに組み替える

B：体は斜めだが足がこちらを向いている

机から上は意識的にとっている行動と考えられます。つまり、体を真っすぐにしているのは、きちんと話を聞こうとしている態度を意識的にとっているということです。一方、机から下については、無頓着になりがち。つまり、Aは形式的に話を聞こうという姿勢を示しつ

つも、実はあまり関心がなく「早く終わらないかな」と考えているかもしれません。一見いい加減に聞いているように見えますが、足はしっかりと相手の方向に向いているBの方がまだ関心を持ってくれているといえるでしょう。

（2）手の位置、体の位置

A：手を机の上に出し、身を乗り出している

B：椅子に浅く腰掛け、後ろ手になっている

手も関心の度合いを示すバロメータです。手が机の下や後ろにある場合は、関心がないという意思表示。つまり、Aの方が関心を持っているといえるでしょう。

（3）座る場所

A：プレゼンテーション側の席に対し九〇度の位置に座る

B：プレゼンテーション側の席に対しまっすぐ座る

人の席の位置は、並びが「共感」、九〇度が「傍観」、向き合う場合が「対立」といわれています。つまり、九〇度はどちらかというと、プレゼンテーションする人と同じ立場にある

気分の可能性があります。ただし、客観的に見ようとしており、ちょっと力を抜いています。一方、真ん前に真っすぐ座る場合は、「しっかり聞こう」という意志の現れ。しかし、対立した意見を持っている場合は、ちょっとした矛盾などに鋭く切り込んでくる可能性があります。

社内で使える「癖」から人を見抜くワザ

出会ったばかりのころは、良い印象を与えるための工夫をすることがほとんどですよね。しかし、オフィスで毎日顔を合わせるうちに、だんだんとリラックスし、地が出て、いろいろな癖も出てきます。そうなってきたら、しめたもの。どんな人なのか、いまどんな状況にあるのか、癖からよみ解き、人間関係づくりや日々の仕事に役立てることができるはずです。それでは、毎日顔を合わせる〝あの人〟を観察し、性格や心をよみ解く方法について紹介していきましょう。

心の壁の高さは机まわりに出る?

多くの会社では、一人ひとりが机とパソコンを与えられ、自分のスペースを持っています。

特に机周りはその人の公共性に対する意識の表れ。自分のなわ張り＝「パーソナルスペース」における密接距離・個体距離・社会距離・公共距離がどんなバランスで成り立っているかが想像できます。そこに現れる様々な癖こそ、〝心の壁〟の厚さや高さを測る方法といっても過言ではないでしょう。

○ものがなくて整理整頓されている

「几帳面な性格」なのですが、その前になぜ整理整頓をするのか考えてみましょう。まず考えられるのは「ハロー効果」[*12]です。きれいなスペースで仕事をする人というのは、仕事ができる人と評価されることが多いもの。その効果を狙ってきれいにしているうちに自然に習慣化した可能性があります。また、私物などを置かないということは、そのスペースに執着がない可能性も。ポジションや仕事にも愛着がない場合があります。公共性が高く、そこにあまり私的な空間を持ち込まない人は、表面的には人付き合いがよくても、クールなイメージを持たれるでしょう。基本的には生真面目で頑固、限られた人と親しくなり、義理堅い面もあります。

＊12 ハロー効果
後光効果、光背効果とも呼ばれ、ある対象を評価するときに、目立ちやすい特徴に引きずられて他の特徴についての評価が歪められる現象のこと

○飲んだ缶コーヒーの缶をそのままにする

ズボラな性格であると同時に、一種のマーキング行動といえます。自分のスペースやポジションに対して執着する傾向にあり、行っている仕事に決着がつかないうちに他の仕事をはじめるなど、落ち着きのないタイプです。おおざっぱに見えて、自分のテリトリー意識ははっきりしているので、一線を越えられると突然、不機嫌になる可能性があります。たとえば、気を利かせて缶コーヒーの缶を捨てたりすると、「勝手に捨てるなんて」と理不尽な評価をされるかも。

○資料が山積みになっている

缶コーヒーがそのままになっている人と同じように、次から次へと手を伸ばしてしまう、落ち着きのないタイプです。おおざっぱで、ミスも多いわりに、細かいことを気にしないおおらかさで、人からは好かれるでしょう。ただし、整理整頓するタイプとは真逆のようですが、同じように「仕事をしている」というアピールを無意識に行っている小心者の可能性も。

○キャラクターもので溢れている

自分の仕事場を〝巣〟のように感じており、公共の場にパーソナルスペースを重ねて愛着を持っています。その愛着が強いほど、親しみを感じていない人に不用意に入られることを嫌います。かわいらしい空間に心を許して、うっかり土足で入るようなことをすると、思いっきり嫌われて口をきいてもらえなくなるかも…。なお、キャラクターグッズに自分を投影していることも多く、やや幼児性が残るタイプです。

○頻繁に模様替えする

向上心があり、試行錯誤が好きなタイプ。その一方で、気が変わりやすく飽きっぽい面も。些細な事にとらわれる傾向があり、「重箱の隅をつつく」と陰口をいわれてしまうかも。

○私物とそれ以外のものの区別が明らか

公私を明確に分けることで、パーソナルスペースにおける4つの距離、密接距離・個体距離・社会距離・公共距離を明確に分けたい人でしょう。人当たりがよい反面、親密になるまでに時間がかかることも。もしかすると、その場所にあまり長居をしたくないと思っているのかもしれません。パーソナルスペースが広いタイプなのにもかかわらず、狭いスペースしか与えられていないため、ストレスを感じ、「没人格化」している可能性もあります。

○私物を共有スペースに置く

パーソナルスペースにおける密接距離と公共距離のボーダーがやや曖昧で、活動的なタイ

トイレの所要時間で「なわばり意識」がわかる⁉

異なる条件で、男性の被験者にトイレを利用してもらいます。
1：すぐ隣のトイレに他者がいる
2：1つ離れたトイレに他者がいる
3：誰もいない
すると1の条件下では、排尿をはじめるまでの時間が長く、排尿自体の時間が短いことがわかりました。一方、2と3はほぼ差がでませんでした。つまり、パーソナルスペースに対して人は敏感に反応し、無意識に相手に対する感情が出てしまうというわけです。

プです。もしくはスペース全体に対するマネジメントの責任を感じているのかもしれません。活動エリアが広く、フットワークが軽いため、誰とでもすぐに親しくなるタイプです。

会議の席取り行動で、意欲を測定できる？

会議や打ち合わせの際に、いくつか席がある場合、あなたはどこに座るでしょうか。気をつけて観察すると、何気なく座っている席の選び方にも癖があり、状況に応じて変化することに気づきます。その癖をよみ解くことで、自身の行動に対する意志の強さを測ることができます。

○会議室に入ってすぐの席に座る

その案件に深く関わりたくないのかもしれません。フットワークが軽く落ち着かないタイプも入口近くに陣取る傾向があります。

○既に来ている人の隣に座る

自己親密性が高く、パーソナルスペースが狭い。こうした同調行動は女性に多いようです。会議の内容よりも、発言した人物への好感度で意見が左右されがち。

○既に来ている人の対面に座る

真面目に案件に取り組もうとする意志が強いタイプ。ただし、好戦的な傾向もあるので、敵に回すと厄介な面も。

○壁を背にして、窓を向いて座る

自己防衛本能が強いため、部屋の隅にいることで安心感を得ようとしています。おとなしく見えますが、意外に意固地で頑固な人でしょう。

○一番奥の席に座る

自分に自信があり、人がいれば、その対面に座ることもあるでしょう。意志が強いというより、対人関係で主導権を握りたいタイプです。

もちろん、景色の良いレストランや、上下関係がはっきりした会議など、場面ごとに席のとり方は変わってきます。なかでも、ラフな関係性でどこに座ってもいい場面こそ、癖が出やすいので注意して観察してみましょう。

たばこの吸い方に見る、欲求不満度

近年は、かなり分煙が進み、オフィスでたばこを吸う人を見る機会も減ってきました。また、たばこの健康被害も広く知られるようになり、愛煙家そのものの数も減ってきたといわれています。それでも、体に悪いとは知りながら、やめられない人は少なくありません。たばこに含まれるニコチンに依存していたり、中毒になっていたりするためと考えられています。しかし、心理的にもやめられない原因はあるのです。その一つが「ストレスの緩和」にあるといわれています。そこで、たばこの吸い方から、不安や欲求不満の具合を推測してみましょう。

○たばこを吸う人がいたら吸う

同調行動の一つといえるでしょう。無意識に場になじもうとしているわけです。実際、同調行動によって親和性が高まることが立証されており、また、たばこのように息を吐く行動をとっている時は、リラックスして話を受け入れる傾向にあるとされています。論理的に説得するよりも、親和性によって受け入れられることを期待するタイプでしょう。

○たばこ部屋からなかなか戻ってこない

たばこ部屋で話し込んで、長時間自席を不在にする人。その場での楽しさが勝って時間を忘れてしまったのかもしれませんが、ストレスの多い環境からの逃避行動の一種といえます。こうした逃避行動をとる癖のある人は、ストレスをためないようでいて、むしろストレスをためこんでしまう傾向があります。ですので、意外にサボっているわりにはイライラしていることが多いので注意。

○独特の持ち方でたばこを吸う

持ち方が不自然な場合、誰かの真似をしているのかもしれません。そうすることで、自分もその人と同じタイプの人間だという気分になっています。こうしたタイプは、プライドが高く、自信家のように見えますが、意外にコンプレックスを持っていることが多く、その反動で誰かの真似をすることが多いようです。

○ある人とだけ会うときにたばこを吸う

その人がたばこを吸う人で「合わせる」ためにたばこを吸うのなら、先に出た同調行動といえます。これが無意識に癖になっているようであれば、その人がたばこを吸う行動のきっかけになっているのでしょう。逆に意識してそうしている場合は人間心理に長けた策士といえるかもしれません。

○人ごみで歩きたばこをする

マナーやルールを無視した行動は迷惑でしかありませんね。それをあえて行う人はまだまだ未熟といえるでしょう。あえて他人に迷惑を与える行為をする人は、実は自分に自信がないにも関らず注目されたい人。これが癖になっている人は、よほどフラストレーションがたまっていると思われます。

○チェーンスモーキングをする

イライラを鎮めるためにたばこを吸い、足りずに消す。そして再びたばこを吸うという「チェーンスモーキング」はイライラの証。もしくは、やる気を出すための「活性効果」を期待している場合もあります。いずれにしても、チェーンスモーキングをする人はせっかちで短気、アグレッシブなタイプが多いでしょう。

○食事の後など、決まったときに吸う

自分のルールをつくって実行しているのならば、理性的で合理的。何かの理由ですっぱりと禁煙できるタイプでしょう。逆に禁煙しているのに、他の人が吸っていると自分も吸いたくなるタイプは、人に流されやすいので、なかなか禁煙できないかも。

◯くわえたばこをする

たばこを吸う人は気づきにくいかもしれませんが、くわえたばこによる副流煙は周囲に大変なストレスを与えます。くわえたばこをする人は、こうした周囲の状況に気づかないタイプ。逆にいえば、仕事など目の前のことに集中して取り組むタイプといえるでしょう。

◯フィルターを噛む

たばこは自己親密行動の一種ともいわれています。極端な話、赤ちゃんがおしゃぶりを手放さない、飴をなめると泣き止むといった状態とほぼ同じです。そのため、ヘビースモーカーほど子どもっぽいタイプが多いという分析も。フィルターを噛むのは、まさにその幼児性が強い人といえるでしょう。

◯フィルターぎりぎりまで吸う

意識的にやっているのなら、かなりの倹約家といえますが（？）、無意識であるならば、一つのことに集中するシングルタスク型といえるでしょう。

○ほとんど吸わないうちに終わる

チェーンスモーキングをする人と心理的には同じです。せっかちで短気、イライラしがちな人といえるでしょう。たばこで解消できないストレスを常に抱えており、フラストレーションがたまっている様子なので、ご注意を。

○たばこの灰をしきりに落とす

こまめに灰を落とす人は、まじめで周囲への気配りを忘れない人。理性度が高く、ポイ捨てなどのルール違反をすることはないでしょう。やや神経質なので、あまりに癖が目立つようになったら、息抜きさせてあげましょう。

○たばこを強く押し付けて消す

やや神経質で欲求不満。ただし、仕事などの公の場ではそれを上手に隠すことができます。時々周囲の人がフォローしてあげれば十分です。

○三本の指で持つ

親指、人差し指、中指の三本でたばこを持つ人は、自信家で少々虚栄心が強いタイプ。頭脳明晰で人付き合いも上手な社交家ですが、弱みを突かれると突然キレることも。その豹変ぶりには周囲が驚くかも。

ランチの頼み方で決断力がわかる？

人は毎日小さな決断をして生きています。パンがいいのか、ご飯がいいのか、早めに起きるか、ギリギリまで寝ているか。時には転職などの大きな決断を迫られることもあるでしょう。しかし、「癖」はむしろ「どうでもいい決断」に出やすいものです。たとえば、ランチなどは、多少失敗しても損害は少ないため、その人の癖を見るのに良い場面といえるでしょう。

◯内容に関わらず「日替わり」を頼む

日替わりは多くの場合、他のメニューよりリーズナブル。そうしたことをわかっていて日替わりを頼む人は合理的。面倒くさがり屋ともいえるかもしれません。せっかちでスピードを好む傾向もあります。

◯いつも頼むものが同じ

自分の考えや好みをよく知っていて、それを大切にしています。自分のことは自分で選ぶという自立精神が強いでしょう。ただし、その分頑固で人の意見に耳をかさない傾向もあり、マイペースな印象も。冒険より安定を選ぶタイプ。

○まっ先に注文する

場の主導権を持っていたいタイプ。もしくは、天真爛漫な子どもっぽさを持った人です。自分勝手で人の意見を無視することも多いはず。ただし、場の雰囲気が緊張しており、誰も口火をきらない状態の時に、あえて「天真爛漫なふり」をして場の空気を緩めようとする人もおります。その場合は、かなり気を使うタイプといえるでしょう。

○他の人の注文に合わせる

迷いやすいけれど、人に合わせることができる気配り上手。身近な人を大切にする、思いやりのあるタイプです。その反面、人の意見に流されてしまうことも。

○一人だけ最後まで決まらない

慎重というより、人一倍欲張りなタイプ。流行には敏感で、すぐに取り入れるわりには長続きしません。浪費癖がある可能性も。

○一人だけまったく別のものを頼む

日本的にいえばKY（空気がよめない）タイプといえるでしょう。しかし、自分の状態をよく理解しており、周囲に流されることなく決定できる自立した心の持ち主といえます。

お酒の席での癖で本心がわかる？

お酒を飲むと、心理的な抑制がどんどん弱くなり、心の奥に押し隠していた本心、本音が出やすくなります。人によっては、人が違ったようになったり、普段なら言わないような暴言を吐いたりすることも…。つまり、お酒の席では「酒癖」から、上司や同僚、後輩の本来の性格や、周りの人にどのような感情を抱いているかを伺い知ることができるチャンスというわけです。

○泣き癖

情熱家でロマンチストな人が多い。とはいえ、単純に恋愛の別れなどで泣いているとはいえません。泣くことはストレス解消にもなるため、単にストレスがたまっている可能性もあります。大いに泣かせてあげましょう。

○絡み癖

性格的に反抗心の強い人で、現在の地位や待遇に不満のあるケースが多いようです。相手に合わせなければならない立場の人が多く、フラストレーションでいっぱいかも。

○説教癖

生真面目で、伝えたいことが上手く伝わっていないというジレンマを抱えています。意外に本人は真面目に話していることもあるので、ほろ酔い程度のときはしっかり聞いてあげましょう。ただし、説教が癖になっている場合は、聞いてくれる快感が癖になっている場合も多いので、無視してもＯＫでしょう。

○笑い癖

一般的には社交的で明るく、頼りがいもある場合が多いでしょう。ただし、普段おとなしいのに、お酒を飲むと一変して騒ぎだすようなときは、人間関係でかなりの無理をしているケースが多いので注意。その場合は、深酒するほどに泣き癖や絡み癖などに移行するでしょう。

○脱ぎ癖

平時は礼儀正しく、真面目なタイプの人が酔うと突然脱いでしまう。以前、某アイドルの事件でもそのギャップが話題となりました。人一倍律儀で心の底で窮屈さや責任感から解放されたいと感じている人に出やすい癖です。

○キス魔になる

スキンシップに飢えているとなりやすいといわれ、性的に満たされていないことも一因として考えられます。しかし、それ以上に人間関係に疲れていたり、不安を感じていたりする可能性が。単に寂しがり屋であるといえるでしょう。

○周りの人にお酒を無理強いする

権限を持っているにも関わらず、十分に発揮できていないと感じている管理職や経営者に多いでしょう。やたらと注ぐのは相手をリードしたいという気持ちの現れで、特に女性の杯になみなみと注ぐのは、性的な欲望の対象になっている可能性を表すのでご注意を。

○暴れ癖

普段は粘り強く、行動力がある人。体育会系に多く、上下関係に敏感であるがゆえにストレスを感じていることが少なくありません。翌日は青ざめて謝ってまわるでしょう。

○席を頻繁に変える

自己顕示欲が強く、一人になることが苦手。自分に注目が集まらない時、自分のいるテーブルが盛り上がらないときなどに繰り返して席を変える傾向があります。

話し方の癖で競争心がわかる？

プレゼンテーションや会議など、あらたまった席ではもちろん、ノンオフィシャルな席での話し方の癖には、その人の心理や感情が如実に表れます。特にコミュニケーションは人間の交渉力でもあることから、相手や周囲に対する競争心の高さを推し量ることができます。

○早口でしゃべる癖

頭の回転が早く外交的ですが、短気でせっかち。相手がどう受け止めるかよりも、自分の考えを口にすることで整理しようとする傾向にあります。

○ゆっくり話す癖

相手に伝えようという気持ちがあるように感じられますが、意外に自分の話に自分で納得する、ちょっとナルシストの気があります。

○ゼスチャーが大きい

感情の起伏が大きく、相手が自分の話に同調してくれることを望みます。うなずいたり、あいづちを打ったりするとノリノリになることも。時にウソを含むときもあるので、注意しましょう。

○相手の話にかぶせて話す癖

頭の回転が早く、相手が話そうとしていることを早々に察知して先手を打つタイプ。冷たい印象を持たれがちで、年配者に嫌われるタイプ。

○間を空けて話す癖

あえて間を空けるのは、自分のペースに相手を巻き込みたいという気持ちの表われ。相手にコンプレックスを持っていることもあります。けっこう面倒くさいタイプ。

○舌足らずで話す癖

日本人の女性に多いといわれています。舌足らずの幼児性を好ましいとされる傾向があるため、それが癖になってしまったのでしょう。

○机をトントンと叩きながら話す癖

自分の話をしっかり聞いてもらいたいと思っているしぐさです。こうした癖が出やすい人は、論理的な話が好きで、情緒的な話は苦手です。

聞き方の癖で自信の有無がわかる?

会話は言葉のキャッチボールです。話すばかりでなく、受け取る側、つまり聞き方の癖も相手を知ることができます。基本的には、会話の保有率がその場の優位性を決めるため、聞いているときの癖でその人が自信家かどうか、ゆとりがあるかどうかがわかるのです。

○大きな声で笑ったり、うなずいたりする

大らかであけっぴろげなタイプに多いのですが、あえてこうした直接的なリアクションは、同調していることを強調したい場合であることも。作為的なものかどうか、見定めましょう。

○目をそらして笑ったり、含み笑いをしたりする

相手に対してやや下に見ている可能性があります。もしくは、あまり関心がないときにも出やすい行動です。これが癖になっている人は、皮肉屋で物事に対して情熱的に取り組むことを軽視する傾向にあります。

○細かくあいづちを打つ

丁寧に話を聞く人だと思いきや、この場合のあいづちは相手の話を早く進めようとする促進剤。せっかちで論理的なので、結論から話すようにするなど、話す側の工夫が必要。

○目の焦点がぶれる

気が散りやすかったり、話の内容に興味がなかったりするときに見られます。しかし、本人に悪気はありません。聞いている内容からふと、想像が広がって別世界に行ってしまうだけなのです。こうした癖のある人は同調性は低いものの、自分の関心事には粘り強く取り組むタイプが多いでしょう。

○あごを突き出して聞く

いわゆる上から目線。話している人や内容に対して、見下しています。仕事の場でそうした態度を取る癖がある人は、本人が未熟な場合が多いでしょう。

○上目使いで聞く

服従心を表現する目線。憧れや媚などもこれに当たります。これが癖になっている人は、周囲に対して依存心を捨て切れない人。しかし、女性の場合、うまくサポートを受けられるなどメリットも多いため、戦略的に多用している可能性も。

癖から見抜く「できる上司」とは？

どんなに厳しい上司も人の子。癖の一つや二つ、持っているものです。小さな癖からどんなタイプの上司かを分析し、対策を考えてみましょう。

○よく肩をすくめる…場独立的
○前かがみで話す…場独立的
○相手をじっと見つめる…場依存的
○穏やかな微笑を浮かべている…場依存的
○腕や足を組んでリラックスする…場独立的

ここでは「場独立」「場依存」[*13]の二つに分けてみました。これは心理学における性格の分け方の一手法です。「場独立的」な人は物の見方が分析的で、客観的に物事を見ることができます。そのため権威に振り回されることなく、人と積極的に関わることから答えを見出そうとします。柔軟で融通が聞く反面、細かいところに注意が向いてしまうという欠点もあります。

一方、「場依存型」の人は、現在ある枠組みの中で判断し、効果を最大化することが得意といわれています。ただし、権威主義的で頭がかたく、対人関係について消極的な面があります。

＊13 場依存・場独立／field dependence-independence
認知スタイルの分類法の1つ。場依存型の人は、社会的関心が高く、社交的で幅広く社会的な枠組みを利用できる。事象をロジカルに構造化したり、自分が対応しやすい状態にすることが苦手。一方、場独立型の人は柔軟な問題解決能力を持ち、自分で枠組みを作ったり、構造化をしたりすることができる。ただし、既存の枠組みの中で立ちまわることが苦手。

恋愛や結婚生活にも「癖」分析を活かそう

「癖」からその人の性格や感情を読み解く技術は、恋愛や結婚など異性との付き合いにおいても活かすことができます。男性と女性とでは、出てくる癖も、それに対する内面が若干異なる場合が多いのです。婚活中のあなたも、「もてない〜」と嘆いているあなたも、癖を

「場独立」「場依存」のリーダーのイメージは?

場独立的な人は、複雑な状況の中からも真の目的や重要なものを見出す力が強く、強力なリーダーシップを発揮します。ただし、ワンマンになりやすく、突飛すぎて世の中の反感を買ってしまうこともあります。たとえば、ソフトバンクの孫社長は場独立的リーダーといえるでしょう。

一方、その真逆はどうでしょう。社会的な枠組みの中で、権威や政治力を発揮し、利益を最大化しようとする「場依存型」のリーダーは、東京電力などの大会社に多いようです。

手がかりに相手を知ることからはじめましょう。

男性に多い癖と分析

鼻をほじったり、貧乏ゆすりをしたり、いわゆる「恥ずかしい癖」は男性の方が多いと考えられています。比較的、女性は子どもの頃からそうした癖を矯正するよう厳しくしつけられることが多いからでしょう。それだけに多種多様な癖がありそうですが、単なる癖も女性にモテそうなものとそうでないものとに分かれそうです。ここでは男性に多いといわれる癖をあげて、女性受けについて分析してみましょう。

○頭をかく

緊張したり、考え事をしていたりする時に出やすい癖です。これも不安や緊張。心の葛藤、不満などがある時に自分に触れて心を落ち着かせるための「自己親密行動」の一つです。小説家・横溝正史が生み出した名探偵・金田一耕助も、推理に行き詰まるとバリバリと頭をかきむしって考え事をしていました。彼がそうだったように、この癖を持つ人は一つのことに真剣に取り組む実直な人であることがほとんど。しかしながら、髪やフケが落ちるなど、見た目に不潔な印象を持たれかねません。モテ度はマイナス一〇％といえるでしょう。

○鼻や唇を触る

これも「自己親密行動」の一つです。鼻を触る行為は小心者でおどおどしている印象がありますし、唇を触る行為は甘えん坊に見えます。いずれも子どもに多い癖で、それが残っているように見えるため、子どもっぽく見えてしまうのは間違いありません。女性にとってマザコンは苦手な男性像の一つ。よほど甘えさせるのが好きな女性でなければ、好感を持ってもらえなさそうです。また、唇を触る癖はキスを連想させ、性的な欲求不満をアピールしていると取られることもあります。いずれにしても、モテ度はマイナス三〇％です。

○指をポキポキ鳴らす

「仕事をするぞ！」の意思表示で故意にする人もいますが、鳴らさないと気持ち悪いというほど癖になっている人も少なくありません。周囲が静かにしているときも、つい鳴らしてしまうという人も。好戦的なイメージが強いので、マッチョな男性が好きな女性には好印象かもしれません。逆に「男性」をアピールしていると思われて、引かれる可能性もありますが…。モテ度はプラスマイナスいずれも二〇％というところでしょう。

○異性の体をジロジロ見てしまう

男性ならばついつい目がいってしまうのは自然なこと。しかし、それを人に指摘されるようであれば、癖になっているのかもしれません。どんなに魅力的な女性がいても、仕事など他に集中しているものがあれば、ジロジロ見ることはないでしょうから、気が散りやすい、飽きっぽい人と分析することもできるでしょう。見られている女性も視線に気がつけば不快に思うでしょうし、隣にいる彼女や奥さんにいたっては怒り心頭というところかもしれません。モテ度はマイナス五〇％です。

○腕や足を組む

腕や足を組む癖は、いろいろな意味が隠れていますが、基本的には「拒絶」のサインです。しかし、異性の体をジロジロと見る男性よりも、威厳を感じさせ、女性に関心がないように見えるため、むしろ女性にとっては魅力的に感じるはず。特にM気質の女性は近寄り難い雰囲気を好むことが多いので、好印象と取られるでしょう。モテ度はプラス三〇％です。

○人の目を見ない

腕や足を組むのと同じように「拒絶」のサインの一つ。でも、緊張と気弱さを感じるので、女性が受け取る印象は真逆といえるでしょう。ただし、勘の鋭い女性ならば、あえて人の目を見ないのは、むしろ関心や好意を相手に悟られないためだと分かるので、S気質の女性には「かわいい」と思ってもらえるかもしれません。おまけしてモテ度はプラス一〇％といったところでしょうか。

女性に多い癖と分析

女性の癖は、自然に身についたものというより、躾によって獲得したものが多いようです。また、親や異性からの好感という強化子によって後天的に身についたものも多いようです。そう考えると、男性よりも女性の方が「癖を味方につけている」といえるかもしれません。

○腕や足を組む

男性にも多かった腕や足を組む癖は、女性にも多いようです。しかし、「仕事中にやっていると、周りから偉そうに思われてしまう」と嘆く女性も少なくありません。特に足組みにおいては骨盤の歪みを引き起こし、脚線やヒップラインにまで悪影響を及ぼすというデメリットもあります。偉そうに見えることから、男性には近寄り難い印象を持たれかねません。しかし、足の組み替えがセクシーという男性の意見もあることから、モテ度は三〇％くらいが妥当でしょうか。

○髪を触る

髪の毛をくるくると巻いたり、かきあげたり、無意識の場合は男性が頭をかくのと同じ、自己親密行動の一つ。落ち着きなく子どもっぽい可能性があります。時には自己中心でわがままということも。しかし、それをかわいいと思う男性も少なくないもの。また、つややかな髪はいつの時代も、女性の命。性的なアピールのツールとしても認識されています。本人は何かに熱中していても、髪をかきあげるしぐさにぐっと来る男性は多いでしょう。全方位にアピールするという意味で、モテ度は六〇％くらいかもしれません。

○ほおづえをつく

ほおづえをつくのは、やる気のなさ、退屈さを表すサイン。毎日を生き生きと充実している人にこうしたしぐさは見られません。いくつかの理由がありますが、まず一つ目はシンプルに「毎日がつまらない」と思っている場合。もし会話の途中でこの癖が出たら、話に熱中していないという意思表示。自分の話を切り上げて、話を聞いてあげると好感度が上がります。また、不安を紛らわせる自己親密行動としてほおづえをついていることも。この場合は「誰かに支えてほしい」と思っているはずなので、励ましたり、救いの手を差し伸べたりすれば「頼りになる人」と評価がぐーんとアップするでしょう。ただし、これが癖になっている女性は依存度の高い「困ったちゃん」である可能性も。守ってあげたくなるという意味でモテ度は四〇％ですが、あまり深入りしない方が無難でしょう。

○上目づかいをする

下から見上げる見方は、「私はあなたよりも弱いです」と媚びるしぐさです。この目つきに弱い男性は多いはず。ついついプレゼントをねだられて買ってしまったり、わがままに付き合ったりということはありませんか。これが癖になっている女性は、男性のそんな反応を熟知しています。いわば小悪魔的な女性といえるでしょう。この癖をもつ女性に迫られたら、いいなりになることを覚悟して受け入れるか、早々に逃げ出す方が得策。なかなか逃れられないという意味で、モテ度はプラス六〇％というところでしょうか。

○口を隠す

驚いたり笑ったりするときに、口を隠して笑う女性は「人前で口を開けて笑うなんて下品」と厳しくしつけられて育った可能性が高いはず。一見、上品そうで落ち着いた印象を与えますが、子どものころの厳しい躾から解放されておらず、「こうあるべき」という深層心理が働いていることが多いと考えられます。感情表現が抑制されているため、心にゆとりがない可能性があり、相手にも「こうあるべき」という理想像を押し付けがち。また、口を隠す行為は、自分の感情を相手に悟られないためでもあるので、悟られたくないことがある可能性もあります。とはいえ奥ゆかしく神秘的な印象がありますので、あえてモテ度は五〇％としておきましょう。

○爪を噛む

自己親密行動の一つで、几帳面で神経質な人に多い癖です。この癖を持っている女性は不安に陥りがちなタイプといえるでしょう。家事や仕事はきっちりしますが、常に不安を抱えていて落ち着かず、パートナーの行動からいろいろなことを妄想してしまうという悪い癖も…。小さなウソを追求されたり、浮気を疑われたりする可能性も否めません。そんな女性と一緒にいては、男性は心休まることがありません。モテ度はマイナス二〇％です。

癖を知ってメンテナンス＆リカバリー

ここまで、相手の癖をよみ解き、そこに合わせて対応していくことで、人とのコミュニケーションに役立てることを紹介してきましたが、ここからは「自分の癖」について焦点をあてて考えてみましょう。

自分の癖を知ること、それによってまずは「自分の状態を知る」ことができるというメリットがあります。人は自分のことを知っているようで、案外知らないものです。他の人から指摘されて「そうだったのか」と知ることも少なくないでしょう。

そうした自分の心理状態を推測するために癖が大いに役立ちます。たとえば、緊張している時に早口になってしまうという癖がある人は「自分が緊張していること」を認識することができるでしょう。そして、意識していつもよりもゆっくりと話すように対応することができるでしょう。また、イライラすると貧乏ゆすりが出るという人は、イライラしだしたら散歩に行くなど、自分で気持ちをコントロールすることができます。癖を知ることで、自分の心のメンテナンスを行ったり、行動を調整したりできるというわけです。

癖を利用して心のバランスを取る

癖の活用法に「ジンクス」があります。もともと癖は、緊張をほぐしたり、不安を取り除いたり、自己親密行動から出てくる場合が多いのですが、あえてそれを活用することで、緊張を取り除く以上の効果をもたらすことができます。

たとえば、バッターボックスに立った野球選手を想像してみましょう。頭に触れたり、手を伸ばしたり、さまざまな癖がありますね。よくモノマネされていた元プロ野球選手の掛布は「あれをやらないと打てない」とまで言っていたそうです。体のいろんなところを触ることで、緊張をほぐしつつ、リズムを生み出していたのでしょう。「ロボコップ」の異名を持つ元大相撲力士の高見盛も、独特のリズムで体を叩く癖がありましたが、それによって集中を高めていたといいます。このように、癖には心身のバランスを図るといった効果もあるのです。

本音が出やすい部分をカムフラージュ

さまざまな部分に出る癖ですが、本心と異なる表現をするとした場合、自分で意識的にコントロールしやすい部分とそうでない部分があります。たとえば、嫌な人と会っている時に、作り笑顔はできるかもしれませんが、体は固まってしまっていて拒絶を表現しているかもしれません。そんな時に、足先ではイライラを表す貧乏ゆすりの癖がでていたら、どんなに鈍感な人でも「嫌われているな」とわかってしまうでしょう。こうした「言葉」や「行動」「仕草」などが心の内面と同調することを、「セルフ・シンクロニー（自己同調行動）」[*14]といいます。

これが成り立っている時は、本音がそのまま表面に表現されていると感じられ、説得力があります。しかし、本音を隠して仕草や言葉でごまかそうとすると、言葉をいうタイミングと体の動きとの間に微妙なズレが生じるなど「セルフ・シンクロニー」が崩れることになり、どこかぎこちなさが伴います。

この「ウソをつけない部分」について、『裸のサル』で知られる動物行動学者のデズモンド・モリス氏は、『マンウォッチング』のなかで、「動作の信頼尺度」として、より詳しく記しています。それによると、人間の本心が現れる部分は次の順番で信頼できるとされています。

(1) 自律神経信号
(2) 下肢信号
(3) 体幹（胴体）信号
(4) 見分けられない手振り
(5) 見分けられる手のジェスチャー
(6) 表情
(7) 言語

さすがに自律神経信号をコントロール、カムフラージュできる人はいないと思いますが、ついつい本音が出てしまう下半身の癖についてはカムフラージュやコントロールが可能かもしれません。自身の癖がどんな時にどんなものが出るのか、知っておくと本音を隠す必要があるときに役に立つでしょう。

***14 セルフ・シンクロニー（自己同調行動）**
言葉や行動、仕草などが気持ちや感情と同調して現れること。本音を隠そうとすると、どうしても同調がくずれてしまうために違和感が生じやすい。

「悪い癖」を直し、「良い癖」を身につける

無意識に出てしまう癖ではありますが、「悪い癖」と「良い癖」は、それぞれ大きな影響力を持っています。

まず第一に「印象形成」に関わる影響力です。癖は誰にでもあるものですから、相手もあなたと同じようにあなたの癖を見て、無意識または意識的にあなたの感情や状態、まして性格や思考の癖までも推し量っていることが考えられます。それがプラスに作用すればよいのですが、悪いイメージを持たれる可能性もあるでしょう。それを防ぐには、「悪い印象与える癖」を直し、「好印象を与える癖」をまとう必要があります。

そしてもう一つ、これはもしかすると人生にまで影響を与えかねないほど大きなものです。たとえば、「忘れ物をしてしまう」という癖がついてしまうと、仕事でもプライベートでもマイナスの影響を受けます。一回一回は小さな影響でも、積み重なっていけば「あいつは忘れっぽい」→「信用できない」→「仕事を任せられない」といったように、大きなマイナスになっていきます。毎日、過剰なおやつが癖になっている人はだんだん体重が増え、時に病気になってしまうかもしれません。しかし、「仕事を早めに終わらせる癖」や「食べ過ぎないようセーブする癖」がつけられれば、無意識のうちに良い結果をもたらすことでしょう。

そして三つ目は、時にはネガティブになりがちな心をコントロールすることにも役立ちます。たとえば、悲しい時にあえて楽しいイベントに参加して笑っているうちに、いつのまにか心が立ち直っていたということはありませんか。感情と動作には相関関係があり、お互いに影響しあうと考えられています。

こうした心と体の相関関係をダイレクトに感じているのは、やはりアスリートでしょう。プロゴルファーの宮里藍さんは、あるインタビューのなかで「失敗ショットをした後ほど胸を張って歩く」とコメントしていました。失敗するとついついうつむいてしまいがちですが、あえて胸を張る。そうすると、失敗したことから立ち直り、自信を取り戻せるというわけです。

人の感情は時に微妙で、自分ではわからないことがあります。楽しいから笑うのか、笑っているから楽しいのか。「感情付与説」または「情動の末梢神経説」と呼ばれ、笑っていることをモニタリングすることで、「ああ、自分は楽しいんだ」と後付で感情を与えるというのです。

つまり、よい癖も「自分は胸を張って歩く癖があるから、自信家なんだ」というように、自覚するところから意識が変わっていく可能性があるというわけです。「大丈夫、大丈夫」「よしよしよし」など、ポジティブな言葉の口癖もその効果が大きいといわれています。ぜひ試してみてはいかがでしょうか。

悪い印象の癖は指摘してくれない

それでは、実際に「良い癖」を身につけるための方法について考えていきましょう。良い癖を身に付けるためには、まずは「悪い癖」を何とかしないとなりませんね。ただし、癖のほとんどは無意識についたものでしょうし、「物心ついた時には癖になっていた」というケースがほとんどでしょう。「やってはダメ！」と意識している間は良いものの、何かに集中したり、ぼんやりとしていたりする時に無意識に出てきてしまうに違いありません。はっと我に返った時には、既に出てしまったあと…、なんてことが多いはず。いったい、どうしたら「悪い癖」を直すことができるのでしょうか。

まずしっかり認識しておきたいのが「悪い癖ほど、なかなか指摘してくれる人はいない」ということです。たとえば、あまりいい印象を与えない「貧乏ゆすり」も単なる知り合い程度なら煩わしいと思いこそすれ、わざわざ相手に「貧乏ゆすりしている」などと指摘しないでしょう。「鼻を鳴らす癖」もそう。わざわざ通りすがりの日本人に、それが欧米社会で蔑視の対象になる癖だと教えてくれる奇特な人がいるでしょうか。後ろ指をさされて「だから日本人は」などとヒソヒソやられる可能性の方が高いでしょう。

癖を指摘できるのは、基本的に「親しい間柄」の人だけ。しかも相手にとって好ましくない情報を与えるわけですから、それしきで関係が崩れない間柄に限られます。そうした危険を冒してまで、悪い癖を指摘してくれる人は、あなたとの関係性について信頼感を持ち、その上で指摘してくれているのだと理解しましょう。「貧乏ゆすりをしているよ」と指摘されて、面目を潰されたような気になって怒ったり、聞き流したりするのはもったいないことです。社会的に印象の悪い癖を直すチャンスを得られたと思って感謝するべきでしょう。

癖は無意識に行われる「行動セット」

癖を利用するためには、自分の癖が何かを把握するのが第一歩です。しかしながら、ほとんどの癖は無意識に行われるもの。だからこそ「怖い」のです。いや、癖だけではありません。人間の行動の八割以上が無意識に行われると言われています。

たとえば、お風呂に入っての行動を思い浮かべてみてください。いつもどおり、湯に浸かり、体を洗い、といった行動をとっているはずですが、体を洗う順番を明確に覚えていますか。「まず首を洗って、肩を洗い、背中を洗って、手を洗う」となどと、いちいち考えてはいませんね。無意識のうちに体全体を洗っているはず。そうした無意識の行動についてはほとんど覚えていることはないでしょう。こうした「決まっている手順」のことを、認知心理学では「スクリプト」と呼んでいます。そう、コンピュータに詳しい人は御存知ですね。何か命令を一つ入れると、一連の動作が自動的に行われる。人間の行動のほとんどがそれとほぼ同じように自動化されているのです。そして、コンピュータと同じように不思議なことながら無意識のうちに取られている行動のほとんどは、毎回ほぼ同じパターンとなっているのです。

なお、コンピュータのように無意識に同じ行動を繰り返してしまう、というと聞こえが悪いのですが、それは決して悪いことではないのです。靴を履くときにすら「まずは右足から入れよう」「手は転ばないように柱をつかみ」などと考えていては疲れてしまいます。つまり、「無意識に行動できること＝スクリプト」は、人間の判断やそれに伴う行動を効率的に行うために重要なことなのです。

しかし、そこに悪いスクリプトができていたら、それがまさに「悪い癖」ということになります。たとえば、人の話を聞いていて、それにコメントをするとき、「っていうか」「でもさー」といった言葉が口癖になっていたらどうでしょう。本人にとっては話し始めのリズムを取るための癖であり、大した意味はないのですが、相手は常に否定されているような気分になってしまうに違いありません。

こうした「スクリプト＝癖」は一度身についてしまうと、なかなか変えることができません。逆に考えれば、いい癖を身につけると、たいして意識をしていないのに、いつの間にか良いプログラムが働いて、いい結果を招くことができるのです。

癖を取り巻くメカニズムを考える

まず、癖という「行動」の意味を見極めるために、心理学の流派の一つである行動科学でよく使われる「ABC分析」を用いて整理をしてみましょう。「ABC分析」は、A＝Antecedent（先行条件）、B＝Behavior（行動）、C＝Consequence（結果）をそれぞれ表します。その関係を見ることによって、行動の意味を推し量ろうというものです。ある癖の例を上げてみましょう。

例1―1
A（先行条件）イライラしたので
B（行動）たばこを吸った
C（結果）リラックスした

例2―1
A（先行条件）仕事が辛いので
B（行動）ずるやすみした

C（結果）楽できた

つまり、Bが癖になっている人は、こうした行動様式が成り立っているわけです。こうしてみると、A（先行条件）は変えることができません。しかし、B（行動）が変えることでC（結果）は変わってきます。

例1―2
A（先行条件）イライラしたので
B（行動）がまんして仕事した
C（結果）イライラがますます募った

例2―2
A（先行条件）仕事が辛いので
B（行動）我慢して出勤した
C（結果）疲れた

癖を直そうとしてBの行動をとったわけですがC（結果）は、あまり喜ばしいものではありません。これでは「たばこを吸う癖」も「さぼり癖」もなかなか直るはずがありません。この不協和を解消するためには、BとCの組み合わせでメリットがあるものに変える必要があります。

例1－3
A（先行条件）イライラしたので
B（行動）ストレッチをした
C（結果）リラックスした

たばこをストレッチに変えても、たばこと同じ結果をもたらすことができれば、癖は直すことができるはずです。また、Cを別のものに置き換えることも有効です。

例2－3
A（先行条件）仕事が辛いので
B（行動）我慢して出勤した
C（結果）疲れたけれど、上司に怒られなかった
BによるCのデメリットが解消され、逆にメリットが得られれば、「さぼり癖」は解消す

るでしょう。Cにさらにもっと強い強化子となるような結果が得られれば、さらにその効果は高まります。

癖を直そうと考えるとき、こうして具体的にメカニズムを考えることで、「どんな結果をもたらしたいのか」「どんな行動を選べばいいのか」が見えてきます。Aが何らかの形で変化・解消した場合、自然に癖が無くなる場合もあるかもしれませんが、そうでない場合、意識的に取り組まなければ癖を直すことは難しいでしょう。

悪い癖はマシな癖に置き換える

他の人に「癖があること」を指摘され、その「癖のメカニズム」が分かったところで、癖がすぐに直せるかというと、なかなかそう簡単にはいかないものです。多くの場合、癖は無意識のうちに出ているため、気づいた時には既に出てしまった後ということが多いからです。

それならば、悪い癖が出たら罰を与えるという方法はどうでしょう。よく指しゃぶりをする子どもの指に辛いものをつけて直そうとする親がいますよね。しかし、成功率は低いといわれています。というのも、癖は心理的な理由が何かあって「そうしなくてはならない」わけです。たとえば、指しゃぶりの場合も自己親密行動の一つで、不満や不安といったものが原因になっているといわれています。その後、不安や不満が解消されて自己親密行動から形骸化して癖だけ残ったというのなら、「指に辛子」でも直せるかもしれません。しかし、もしまだ心理的な理由が残っている場合は、癖になった原因や背景を考え、それを取り除く必要があります。

とはいえ、大人の場合は、仕事のストレスが原因だからといって仕事をしないわけにはいきませんね。ストレスを残したまま癖を直せといわれても、なかなか難しいというのが実際のところかもしれません。

それならば、悪い癖ができないように、別の行動で置き換えることを考えてみてはいかがでしょう。たとえば、チェーン・スモーキングの癖がある人ならば、たばこが吸えないようにガムを噛む。口は一つしかありませんから、その間たばこを吸う癖は出ません。ガムを噛む癖がつくかもしれませんが、チェーン・スモーキングよりはマシでしょう。そのように「よりマシな癖」に悪い癖を置き換えていくわけです。当然ながら、たばこへの依存症、ニコチン中毒ともなれば医学的なアプローチが必要ですので、病院に行かれることをおすすめします。

また、なかなか悪い癖が直らない場合、どこか「直らなくてもいい」と思っているフシがあります。たとえば、遅刻癖もその一つ。友人との関係を軽んじている、甘えている人はなかなか直そうとしても直りません。そうした場合は、その行動の前に、絶対に変えられない行動を一つはさみ込む方法を試してみましょう。学校への遅刻癖がある子どもの場合、友人との待ち合わせ時間を決めて一緒に行くようにすると効果的だといいます。学校に遅刻することは軽んじていても、友だちとの約束を破ることについてはプレッシャーを感じる場合が多いのでしょう。大人なら、自ら「そうしなければならない約束事」を設定することで、怠け癖やサボり癖も解消できるかもしれません。

印象の良い癖で上書きする

どんな癖もそうですが、癖そのものを矯正しようとすると、大きなストレスがかかり、意外なところに悪影響が出る可能性も否めません。マシな癖に置き換えたり、癖そのものが出にくい環境を整えたり、いろんな方法がありますが、一番良い方法は、やはり「よい癖」を新しく身につけることです。いわば上書きするわけですね。

たとえば、書き文字の癖はペン字を習えば、きれいな文字に置き換えられます。スポーツでも悪いフォームは良いフォームを学ぶことで置き換えられます。そう、学習によって癖の大部分は矯正が可能なのです。

そうした努力は、さまざまな職業でごく当たり前に求められます。俳優やタレントのような外見が重視される職業や、相手に失礼がない対応を求められる接客業、政治家などもイメージが重視される職業の一つでしょう。

特にアメリカ大統領選では、イメージ戦略が勝敗の重要な鍵を握るといわれています。多くの大統領には敏腕プロデューサーがついており、オバマ大統領にもイメージコンサルタントのチームがついていたとか。ロジャー・エールズ氏もその一人。ニクソン、レーガン、ブッシュ（父）などのイメージ戦略の立役者と言われています。

たとえば、大統領選挙前のブッシュ候補には「エリート臭が強く、演技ベタ」というイメージがありました。そこで、エールズ氏はこうした従来のイメージを「人間的な温かみのある、大統領にふさわしい力強さを持った人物」へとイメージ・チェンジするべく腐心したといわれています。そのポイントは、次の通りでした。

○低い声でゆっくりと話す
○話す時にしばしば微笑む
○手を前に突き出す
○椅子の前端に背筋を伸ばして座る
○正面から相手を見る

こうした仕草を繰り返し行わせ、意識的に癖付けしたといいます。結果、イメージは「温厚で温かみのある人物」として認識されるようになっていきました。

このように、癖は自然につくばかりでなく、意図的意識的に身につけることができるのです。ぜひ、この本に登場した癖のなかから「見られたい自分」を意識して行動してみてはいかがでしょう。しばらく行っているうちに癖付けされ、イメージも定着してくるかもしれませんよ。

それでは、まず、良いイメージを与える癖について考えてみましょう。

○温かい人だと思われる癖

最近、女性が好む好きな男性からの動作の一つに「女性の頭をなでる」というものがあるそうです。しかし、触られて安心するのは女性だけではありません。男性対男性であっても、体に触れられた相手に対して「思いやりがある」「温かい」といった印象を持つといわれています。

ある実験で、ある人に初対面の三人の人物を三種類の方法で引き合わせ、印象を語らせたところ、顔を見ただけの相手は「横柄で大人気ない、冷たい」と評価され、顔を見ないで言葉を交わしただけの相手は「距離がある、形式的、人為的」と評価されたそうです。これに対して、顔を見ず、話もせず、ただ握手だけで別れた相手に対しては「信頼できる、温かい、真剣な」といった好印象が残りました。実はこの三人は同一人物だったのですが、引きあわせ方によって大きく印象が変わったのでした。

こうしたことを鑑みると、背中を叩いたり、手を合わせたりといった癖を持つ、上手にスキンシップが取れる人は「温かい人」と評価される確率が高いと思われます。

他にも、ゆっくり話す、微笑む、ちょっと前かがみであるといった癖も同様に「温かい人」の癖と判断されるようです。アメリカ大統領選での握手戦法もこの効果を期待してのことであることは間違いないでしょう。

○仕事ができそうに見える癖

仕事ができる人は、やはり自信に満ち溢れています。一番身につけたいのは、良い姿勢の癖でしょう。姿勢を正し、体を大きく見せることで優秀さや強さを表します。また、落ち着いた仕草で、目線も泳ぐことはありません。体幹がぶれないと、しっかりした印象になるので、そうした体幹トレーニングを受けるのも良いかもしれません。

また、話し方も落ち着いた大きな声であることが欠かせません。この声を「リーダーの声」といいますが、やはり姿勢が良くないと出すことはできないそうです。いわれてみれば、声楽家も姿勢がいいですよね。さらに、視線をしっかりあわせ、語尾までしっかり話すような癖をつけるのも大切です。特に日本語はよく「〜といわれている」「〜と思う」といった曖昧な言い方をしがちですが、欧米では自信がないとみなされがち。リーダーになるためには、言い切る癖を付ける必要があるでしょう。

○頭が良さそうに見える癖

頭が良さそう、と思われるには、一つは顔つきかもしれません。ポケーッと口を開いていたり、どんよりとした目では「頭が良さそう」とは思われないでしょう。やはり口元をきゅっと縛る癖がある人や、キリッとした目元の人はトクかもしれません。しかし、頭が良さそうな人は心根が冷たいという偏見もまだまだ根強いようです。

「能ある夕カは爪を隠す」など、謙虚さが好まれる日本では、あからさまに頭が良さそうに見えるのは、あまりトクとはいえないようです。むしろ、一見昼行灯、しかしその実態は…というギャップを好む傾向があります。ここはあえて、頭が良さそうに見えなくてもよしとしませんか。

○人気者だと思われる癖

人気者になりたい人は親和欲求が高く、多くの人から承認されたいと願っています。いわば集団の中心にいたいわけですね。そのためには人から愛されるような行動や表情が不可欠でしょう。その第一歩が、相手を承認すること。つまり、手を開き、常にオープンであることをアピールする癖をつけると良いのではないでしょうか。

また、集合写真には、ぜひとも真ん中で写るように癖付けしましょう。かつて、日本の首相は国際会議の記念撮影の際には写真の端に写りがちでした。そんな定位置から脱出し、真ん中に写ろうと努力したのが中曽根康弘氏だといわれています。その効果もあってか、ロンヤスと呼び合うような米国との関係性を世界にアピールし、長期政権を担いました。アピール上手であった小泉純一郎氏も同様に真ん中に写っていますね（現在は在任期間で立ち位置が決まるそうです）。

○**誠実な人だと思われる癖**

誠実な人との評価を受けるためには、人との関係性をコツコツ積み上げていくほかないでしょう。時間を守る、人の話をよく聞く、相手を思いやるといった基本的な行動が大切です。これらが癖として身につけば、苦労少なくして信頼感を獲得することができるのではないでしょうか。

自然に良い結果がもたらされる癖とは？

「良い癖」の効用には、良い印象を与えたり、気持ちを落ち着かせたりというものがありますが、最も価値のあるものは「無意識のうちに良い結果がもたらされること」といえるでしょう。

たとえば、ある仕事を任された時、「すぐにやる癖」のある人は、「後回しにする癖」のある人よりも「仕事ができる人」の評価が高まるでしょう。実際に仕事もはかどり、成果も出るかもしれません。すでに癖になっているわけですから、意識する必要もなく、ストレスもたまりません。

こうした癖は一度身につくと、なかなか変えるのは難しくなります。「さぼり癖」「後回しする癖」「片付けられない癖」など、直したい癖は山ほどありながら放置している人の多いこと。しかし、そのまま放置していれば、無意識のうちに人生に大きなマイナスを与え続けてしまうことになるのです。

この無意識を放置するのか、また意識的に変えていくのか。それはとても大きな分かれ道です。とても優しい人なのに、変な話し方の癖があるために嫌われてしまう人。素晴らしいアイディアと情熱を持っているのに、無意識に出てしまう表情や癖のせいで仕事のチャンスが与えられない人。そんな人はあなたの周りにいませんか？　もしかすると、あなた自身が損をしているかもしれないのです。

それでは、多くの人が損をしている「悪い癖」と、それを「良い癖」にどのように変えていくのか、紹介していきましょう。

❀仕草の癖を直す

人と接する際に出る癖は、人間関係に大きな影響を与えています。「とても良い人なんだけど」と前置きされながらも、「なんとなくうっとうしい」「なんとなく不快」と思われている人も少なくありません。その背景には、無意識のコンプレックスがあったり、子どもの頃からの複雑な人間関係が影響していたりして、困った癖を根絶するのはなかなか難しいもの。しかし、そうした内的なものを乗り越えて、意識して「悪い癖」を変えることで人間関係を劇的に変えることができるでしょう。

○表情の癖を直す

「三年片頬《かたふ》」といえば、鹿児島県人ならピンとくるかもしれません。規律を重んじた薩摩武士に伝わる戒めで、「男たるもの笑ってはいけない、笑っても三年に一回、片方の頬だけをゆがめるだけにせよ」というものです。さすがに今どきそんな人はいないと思いますが、自分ではそのつもりはないのに「無愛想」「とっつきにくい」「怖い」と思われがちな人は結構います。その原因の一つが「表情が動かないこと」。もしくは、片方だけ笑っているなど、アンバランスな表情になっていることです。

顔の一部分だけで笑っていると、相手はバカにされたような気になったり、お義理で笑っているように見られがちです。一方、顔全体で喜怒哀楽を表現できる人は、裏表のない人の印象を与え、相手に安心感を与えます。

感情と表情に関する先駆的な研究を行ったアメリカ合衆国の心理学者、ポール・エクマンは、「偽物の笑顔」「本物の笑顔」を見分ける実験を行っています。その大きな違いは、「本物の笑顔」と受け取られる場合は顔全体で笑っており、「偽物」とされる場合は一部しか笑っていないことでした。よく本気で笑っていないことを、「目が笑っていない」と表現したりしますが、口元よりも目元のほうが「本音」が出やすいのです。

もちろん、本当に御愛想笑いでそうなってしまうのは、しかたがないのですが、心のなかでは「うれしい」「楽しい」と思っているにもかかわらず、表情が固いといわれる人は、ぜひ表情の癖を直しましょう。やり方は簡単。表情筋をしっかりと動かし、柔らかくすることです。マッサージも効果的です。モデルやタレントなど、表情の豊かさが求められる職業の皆さんも行っているそうです。ぜひ、人と会うときやプレゼンテーションの前に表情筋を柔らかくしてから行きましょう。とくに鏡を見ながらの笑顔の練習は効果的です。

○目線の癖を直す

目線には心理状態がもっとも表れやすいと言われています。相手に興味があるときや好意があるときはじっと見つめますし、興味がないときは視線を外します。そのなかで、もっとも直したい悪い癖は「キョロキョロと目線を移動させる癖」でしょう。

人はじっと見つめられると、なんとなく気恥ずかしい気になります。知らない人からじっと見つめられると「なにかおかしいのかな」など、不安になります。特にウソをついている時や、やましいことがある時などにはそれを悟られまいとして、目線を外す傾向があります。その際に、露骨に外すと不審がられるので、あちらこちらに目線を移す、つまりキョロキョロするわけです。そのため目線が落ち着かない人は、どこか「怪しい人」「自分に自信がない人」と思われてしまいます。

これを直すには、自分に自信が持てることなのですが、これはなかなか難しいことです。そこで、まずは「じっと見つめる」ことに慣れましょう。そうすることで少なくとも他の人からは「自信がある」「落ち着いている」ように見えるはず。視線を落ち着かせる癖をつけるトレーニングとしては、まずは鏡の中の自分を見つめてみることからはじめましょう。目を合わせて「1、2、3」と心のなかで数えます。それに慣れてきたら、今度は他のものを対象にしてみましょう。ポスターのアイドルの写真でもかまいません。慣れてきたら、次は人の肩やネクタイなど、顔周りを見つめてみましょう。あまり長いようでは、逆に不審がられますので三秒を目安にします。目ばかりを見つめていると、プレッシャーをかけてしまうので、ときどき肩や耳などに視線をずらさず癖をつけると良いですね。

○人との距離の癖を直す

人との距離も相手とのコミュニケーションにおいて重要なポイントです。近すぎる癖なら「図々しい」と思われますし、遠すぎる場合は「消極的」「小心者」の印象を持たれがちです。また、相手に対する関係によって距離は変わるので、コントロールする癖をつけられると良いですね。

とはいえ、物理的な距離を測るのはなかなか難しいもの。そこで「話をする位置」から逆算して考えましょう。多くの場合、自分から話しかけずにいる人は、パーソナルスペースを広くとり、逆に自分から積極的に話しかける人は狭めに取ります。ビジネスの場面では特に積極的な方がよしとされますから、「話しかけること」によって、相手との距離を縮めることができます。すると物理的にはもちろん、相手との心理的な距離をも縮めることができるのです。

自分から話しかけない人をおおまかに分けると二タイプあります。まず一つは、相手に対して引け目を持っていたり、面白い話ができないと思っているタイプです。こういうタイプの人は、実は意外にプライドが高く、自分を必要以上によく見せようとしています。同性同士ならば気軽に話せるのに、異性になると話せないというのは、この「背伸び」をしようとしているからなのです。「何か気の利いたことを話そう」としているうちに、変な間があき、ますます話しにくくなってしまいます。そういう時は、とにかく目についたものを話題にしてしまいましょう。例えば、天気のことや最近のニュースの話など、何でもいいのです。確かにお互い親しくないうちは、あまりプライベートに踏み込んだ話は好ましくありませんが、どんな話題でも話しかけないよりは断然二人の距離は縮まります。

そしてもう一つは、自分から話しかけることが「負けること」と思っているプライドの高いタイプです。しかし、本当に優れた人は、相手が恐縮しないよう積極的に話しかけるものです。プライドの高さから「話しかけないポーズ」を取りつつも、実は話しかけられると拒絶されるのではないか、自分から話しかけると下に見られるのでないかとビクビクしているわけです。つまり、小心者で傷つきやすいタイプといえるでしょう。そういう人はまずは「本当のセレブは自分から話しかける」という認識をもつことからはじめましょう。

○自分に触る癖を直す

癖となる理由の一つとして、何度も「自己親密」という言葉が出てきました。「自分に触る癖」はその多くが「自己親密」からきているといっても過言ではないでしょう。額や頬をはじめ、鼻や口元、耳やひげ、肩や二の腕、腕や指を組んだり、回したり…。また、眼鏡や服の一部を触るのも自己親密行動に含まれます。

この「自己親密」は不安や緊張を解放するための行動で、いわばマッサージのようなもの。それによって不安や緊張がやわらぐなら、私はむしろ良いと思います。しかし、それも程度の問題で、あまりにも頻繁だと、自信のない小心者であるという悪い印象を与えてしまいます。また、腕を組む癖は相手に対するブロックと受け取られることもあります。

こうした癖を直すためには、もちろん意識して触らないのが一番ですが、肝心の「緊張をほぐす」「不安をやわらげる」目的を果たすことができません。そこで、たとえば「腕を組む」よりも「指を組む」、髪を触る頻度を少なくするなど、触れる場所を変えたり、触れる回数を減らしたりすることからはじめてみましょう。また、触る際には撫でさするのではなく、ただ触れているだけの方がゆったりとした印象を与えます。

話し方の癖を直す

プレゼンテーションやスピーチなど一人で話し続ける必要があるとき、会話とはまた違った癖が出てきがちです。欧米では小学校の頃からスピーチの練習をさせられるそうですが、日本人はなかなか一人で話すトレーニングを行うことがありません。そのため、社会的地位の高い人の中にもスピーチの苦手な人はたくさん見受けられます。しかし、一人で大勢の人達に向かって話すことは、大きなアピールのチャンスです。ぜひ、話し方の悪い癖をなくして臨みたいものですね。

○間をとる際の口癖

話し方の癖で目立つものは、やはり「口癖」でしょう。言葉を選んで考えながら話すときの「えー」「あのー」といった口癖は、正直あまりかっこいいものではありません。たとえばプレゼンテーションなどで一人で話し続けなければならない状況におかれると、「話し続けなくては」「間があくのが怖い」といった心理に陥ります。そこで、その間をうめるために「えー、あのー」が出てきてしまうわけです。おそらく、人が話している姿を客観的にながめると、この口癖のデメリットがよくわかるでしょう。

「えー、それでは、この企画についてなのですが、まあ、皆さんがお考えの通りで、そのー、なんというか、なかなか難しいと思われ…」

なんとも奥歯にものが挟まったかのような印象を与えますね。本人はなめらかに調子よく話しているつもりかもしれませんが、聞いている方はわかりにくく、結果として「話し方が下手＝頭が悪い」印象として受け取りがちです。

この話し方の癖を直すためには、まず、自分が話しているところをビデオに撮って見てみることが第一歩です。そして、その中でも最もひんぱんに出ている口癖をチェックしましょう。それを絶対に口にしないと誓うのです。出そうになったら、間をおいて一呼吸してみましょう。まずは意識をすることでかなり出にくくなるはずです。

○早口になる癖を直す

「緊張すればするほど早口になる」という人はたくさんいます。それは緊張するほど「焦り」が出てしまうため、早口になってしまい、最後には滑舌が悪くグダグダになって聞き取れなくなってしまいます。結局、何を話しているのかがわかりにくくなり、「話が下手な人」のイメージを与えかねません。

これを直すには、緊張しないことが一番ですが、それはなかなか難しいこと。むしろ、緊張してもゆっくり話す癖がついていれば良いわけです。そのためには、やはり日頃のトレーニングが必要です。たとえば、テレビのナレーションを真似てみる、落ち着いた雰囲気のキャスターになったつもりになるなど、方法はいろいろでしょう。実際にやってみると、普段感じている以上にゆっくりと話していることがわかります。

また、スピーチやプレゼンテーションの原稿があるのなら、あらかじめ時間を決めて練習してみると良いでしょう。アナウンサーのように自然に話すとだいたい一分間当たり三〇〇～三五〇字になり、四〇〇字だと早口の印象になるといわれています。ゆっくりめに話すなら二五〇字を目安にしましょう。

また、もう一つ早口になる原因として「その方が賢そうに見える」と思い込んでいる場合があります。これは認識を変えるしかありませんね。たとえば、元気さが売りの若手タレントや芸人さんなどは、少々早口の方が良いでしょう。しかし、皇室をはじめ、セレブといわれる人々が早口で話す様子を見ることはほとんどありません。どこか気品があり、自信があるように見えるのは、断然ゆっくりと話す人なのです。

○小さな声で話す癖を直す

小さな声で話す人は、どこかおどおどして内向的、自信がないように見えます。また、普段はさほど声が小さくない人も、緊張したり不安だったりすると声が小さくなりがちです。裏を返せば、大きな声は自信の表れであり、外交的で積極的という印象を与えます。

声を大きくするには、大きな声で話す癖をつけることが効果的です。急に大きな声で話しはじめたと思われても困るでしょうから、まずは挨拶からはじめてみましょう。「おはようございます」や「お疲れさまです」だけなら、誰でも意識して大きな声を出せるでしょう。それができるようになったら、少しずつ短い文を話すときに意識して大きな声を出すようにしていきます。たとえば「こちらの書類を確認していただけますか」「明日の会議はよろしくお願いします」など、日常会話でも構いません。そして大きな声に慣れてきたら、プレゼンテーションやスピーチなどの長い文章を大きな声で練習しましょう。

実は大きな声を出すというのは、感情の抑圧や不安から自分を解放する効果があるといわれています。虐待などにより心に抑圧を感じてきた人のカウンセリングなどでは、大きな声で不安や不満を吐き出すトレーニングをします。朝の連続ドラマ「あまちゃん」の主人公も将来に不安があるときなどに大声でストレスを発散していますね。大きな声を出すことは、本当の自分をさらけだす覚悟ができたということ。その「腹のくくり」が本当の自信へとつながるのではないでしょうか。

○否定語をつかう癖を直す

人と話すときに気をつけたい癖、それは「否定語」で返すことです。たとえば、

「昨日の打ち上げ楽しかったね」

「っていうか、面白い人が多かったよね」

いかがでしょう。内容をみると、決して否定しているわけではなく、むしろ同意です。それなのに、なんとなく話を始めた人は否定されたような気分になってしまいます。しょせんあいづちなのに、そう取られるのは心外でしょう。しかし、人は形だけでも意見を否定されると、考え方や人格、生き方までも否定された気分になってしまうのです。

「っていうか」などは、無意識に癖になってしまう否定語の代表格。他にも「というより」「いや、~じゃない?」「だからさー」「でもさー」などなど、無意識で相手に嫌われるあいづちを使ってしまっているのです。

これを変えるためには、「肯定的なあいづち」を自分の癖にすることです。はじめは意識して使わないとなかなか身につきませんが、一度癖になると自然に出てくるようになり、相

手はあなたに好印象を持つようになるでしょう。例としては「そうだね」「なるほど」「へえー」などなど、バリエーションが多ければ多いほど、自然な印象を与えます。たとえ、相手が自分と異なる意見を持っていても、まずは「なるほど、あなたはこう思っているのね」と受け止めてからならば、「私はこう思うなあ」と反論しても、考え方や人生まで否定されたとは感じないでしょう。つまり、意見が違っていても、意見だけの交換にとどまり、相手は受け入れられたことに対して満足感を抱き、あなたへの好感が上がります。その結果、会議での意見が通りやすくなり、提案も受け入れられやすくなるでしょう。

英語でも「No,because」より「Yes,then」の方が建設的な話し合いが進むといわれています。まずは、口癖を変えることからはじめてはいかがでしょうか。

考え方の癖を直す

なかなか表面には出てこないので、癖としてわかりにくいのですが、明らかに考え方にも癖があります。見えないし、聞こえないので、なかなか直すことは難しいのですが、その分「考え方の癖」を直すことができれば効果は絶大です。たとえば「失敗」しても、「次の参考になる」と考える癖の人と、「成功しないかもしれない」と考える癖の人では、取り組み方はもちろん、結果も大きく変わってきます。ぜひ、自分の頭のなかを一度見なおして、こっそり潜んでいる「考え方の癖」を直してみましょう。

○堂々巡りの癖を直す

人にはさまざまな悩みがあります。容姿や性格、社会や会社などのような不満もあることでしょう。でも「うちの上司はどうして自分を認めてくれないんだろう」と鬱々と理由ばかりを考え、どんどん怒りが増したり、落ち込んだりすることはありませんか。そして、次の日も同じ事を考えてしまう。こうした考えてもどうしようもないことを考える「堂々巡りの癖」は本当にストレスになります。

変えられない状況を変えることはできないのですから、その理由だけを考えるのはあまり意味がありません。理由を考えるのに価値があるのは、その状況を改善するための方法を探すために限られます。つまり「どうして私は希望する部署にいけないんだろう」ではなく、「どうやったら希望する部署にいけるんだろう」と考える癖をつけるのです。たとえば、「希望する部署にいけないのは、私があの仕事で失敗したからだ」と理由を考え始めたら、必ず改善策として「別の仕事で良い成果をあげればいい」と切り替えるのです。中には「希望する部署に人が多すぎる」など変えられない事象が理由として出てくるでしょう。その場合は「仕方がない」と考えることをストップするようにします。そうして「不本意な事象の理由」を「理想的な状況にするための方法」に転化していくのです。

堂々巡りは、正直しんどいもの。意味のないことを考える無限ループから逃れて、「できること」を考える癖を身につけることで、気持ちを前向きに変えることができるでしょう。

○ギリギリになる癖を直す

たいていの仕事には締め切りという期限があるものです。しかし、苦手なことや面倒なことはついつい後回し、優先順位に関わらず、好きなことや楽しいことを先にやり、無意味な現実逃避をしてから、やおら「やらなければならないこと」になってから取り組む。そんな人は多いのではないでしょうか。

そう聞くと、不真面目でだらしない人に見えますが、心理学のテストやアンケートによると、意外にそうではないのです。むしろ、生真面目で完璧主義者であることの方が多いそうです。

つまり、苦手なことをすると、なかなか物事がはかどらず、「できない自分」をつきつけられてしまいます。そのストレスを先延ばしにして、さらに先延ばしにしていることについてストレスを感じてしまい、ますます億劫になってしまうというわけです。「失敗できない」と思うがあまり、「ちょっとだけやってみる」ということができず、雑事を片付けて万全の体制になってから取り組もうとするわけです。

しかし「万全の体制」など、なかなかやってきません。結局ギリギリになり、ストレスを感じてしまい、同じようなことがあるとそのストレスを思い出して再びギリギリになるという悪循環を繰り返してしまうというわけです。

この「ギリギリ癖」を断ち切るためには、まずは一部でいいから手をつけることです。私自身もそうですが、書かなくてはならない原稿を先延ばしにしていると、ずっと原稿用紙は真っ白です。しかし、今日は見出しだけ…と手をつけると意外に書き上げてしまったりするものです。そうすると、自信がついて苦手意識がやわらぎ、次に同じような仕事が来た時に取り掛かりやすくなるわけです。

まずは「一番苦手なこと」から手をつける癖を身につけること。もし、それが難しいようであれば、苦手なことを終えた後にご褒美を用意してもいいでしょう。「がんばったこと」に自分で満足できれば、自信になり、苦手なことをやってもいいかなという気分になる。そのサイクルを癖にしてしまいましょう。

○他人と比較する癖を直す

前述の「堂々巡りの癖」の人とともに、どうしようもないことで悩んでいる人は少なくありません。その一つが「他と比較する癖」です。比較することそのものは、人間が自分のポジションを理解し、アイデンティティを築く上で必要なことです。心理学では「社会的比較過程[*15]」といい、人は自分の考えや能力を自分で評価しようとし、そのための客観的な基準が見つからない場合は他者と比較しようとします。たとえば、「自分は容姿が悪い」という自己評価は、周りの他人からの評価を自分に当てはめているわけです。この時、「社会的比較過程理論」では、意見や能力が類似した他者との比較を行う傾向にあります。つまり、あなたが三〇代の男性なら、六〇代よりも同世代の意見を参考にするわけです。

しかし、常に類似した他者が比較対象になるわけではありません。自分よりも劣っている人を見ては「あの人よりはマシ」と思ったり、優れた人を見ては「どうせ自分なんて」といじけたりします。この傾向は、自分に自信がない人に多く見られます。つまり、周りにどう思われているか不安なので、明確な基準が欲しいわけです。

この「基準」がクセモノで、メディアにはさまざまな比較対象が流れてきます。そのたびに一喜一憂するのでは、まるで感情のジェットコースターに乗っているようなもので大変疲れます。こうした「他人と比較する癖」から脱却するためには、比較の対象を「過去の自分」にすることです。人は人、自分は自分です。自分には自分のやり方があり、幸せの基準があるはずです。そう考えて、他人と比べて落ち込みそうになったら、過去の自分と比較することを癖にしましょう。そして自分自身が少しずつでも進歩しているなら、しっかりと自分を褒めてあげることが大切です。

＊15 社会的比較過程理論
アメリカの心理学者であるレオン・フェスティンガーが提唱した理論で、自分と似た人の評価を基準に自分の評価も行う行動を指す。たとえば、30代の男性が車を選ぶ場合、60代の女性よりも、同世代の意見をより重視する。

◯決めつけ癖を直す

「女って〇〇だよね」「あの人って仕事ができないよね」そんなふうに、一部の情報から決めつけてしまい、そこからテコでも動かない。そんな「決めつけ癖」も考え方の癖の一つです。「絶対に」「やっぱり」といった口癖などからでも推測できます。こうした癖を持つ人は、とにかく小さなことから全てを決めつけ「レッテル」を貼り付けます。心理学では「ラベリング」という言い方をするのですが、これがマイナスのラベリングになると手もつけられません。その人だけにとどまっていればいいのですが、第三者にも「あの人は仕事ができないから」といった言い方をしがちです。

当然ながら、そうしたマイナスのラベリングを貼られた人はいい気がしません。マイナスのラベリングは、人間関係を悪くするだけで、決していいことは一つもないのです。

この「決めつけ癖」のある人は、自分に対してもラベリングを行います。「私ってこんな人だから」と思い込み、自分の可能性を広げることを嫌います。たとえば「私は人見知りするから」とラベリングして、新しい出会いをシャットアウトする口実にしてしまうわけです。

この「決めつけ癖」から脱却するためには、「いいレッテル」を貼ることが一番です。「仕事が遅い」と評価しがちなところを「丁寧な仕事をする」と裏返してみるのです。多くの場合、長所と短所は裏表の関係にあることがほとんど。レッテルを貼る癖の人は、裏返せば他人のいいところも見えるはずです。気づいたら、ぜひそれを「〇〇さんって仕事が丁寧だよね」と言葉にしてみましょう。ラベリングも良いことならば、相手もうれしいはず。評価についても「丁寧だけどいつも遅い」から、「遅いけど丁寧で助かる」といったように見方が変わっていくでしょう。

相手の悪い癖を直す方法

自分自身の癖を直すのもなかなか難しいことですが、それ以上に難しいのが他人の癖を直すことです。家族や恋人、親しい友人など、直接指摘して素直に受け入れてもらえるような相手ならともかく、隣の席の同僚が机をコツコツ鳴らす癖を持っていても、なかなか指摘ができないものですよね。

実際、欠点を指摘されると怒り出したり、不機嫌になったりする人は少なくないですし、そこまでとはいかなくても、どこか恥ずかしいと感じてしまうものです。癖はどこか無意識でデリケートなところがあり、その人の人間性と結びついているからにほかなりません。特に自分に自信がなかったり、どこか負い目を感じていたりする人は、「癖を指摘されること＝コンプレクスを指摘された」と受け取り、自分を守ろうとして過剰に反応してしまうのです。

たとえば、「メモを取らない癖」があり、大切な仕事を忘れてしまう人に「メモを取ったらどうかな」とアドバイスすると、「そんなに物忘れはしません」と反発する人がいるとします。実は相手は「物忘れをしてしまう」ということにコンプレックスや負い目を感じており、「メモを取らないこと」を指摘されると、そこを攻撃されたかのように思ってしまうのです。そして、自分を否定されたように受け取ります。

そうしたデリケートな部分を含んでいる癖を他人が直そうというのは、なかなかハードルの高い問題です。いったいどうすれば良いのでしょうか。

こうした行動のメカニズムを理解してもらうためには、言葉で理解してもらうことが近道です。しかしながら、さほど親しくない人に言われても戸惑うばかり。当然ながら、人は信頼している人、好きな人からの意見により耳を傾ける傾向にあります。そこで、まずは癖を指摘することをいったん棚上げして、相手と親しくなることが大切です。そして、親しくなっても直接的に癖を指摘するのではなく、「なにげなく気づかせる」方が効果的です。

しかしながら、なかなか親しくなっても指摘するのは難しいですし、時間もかかります。そもそも、さほど親しくなりたいと思わない人に対しては、論理的に説得する方法は使えません。

B（行動）はこちら側では無理に変えることができない。それなら、C（結果）を変えてしまうというのも一つの手でしょう。たとえば、スーパーなどで見かける「ひっくり返って泣きわめき、欲しいお菓子をねだる子ども」は、そうすることで親が折れて「お菓子を買ってもらえる」と考えていいます。実際、親が根負けして買ってあげたことがあるのかもしれません。しかし、それでも親は買ってくれない、むしろ買ってもらえるはずだったものも買ってもらえずに叱られながら帰ることになる…、となれば、「ひっくり返って泣きわめく」ことによる結果が得られないことになります。そうなれば、いつまでも「お菓子を買ってもらえる」と考えている子どもより、断然「泣きわめく」行動は抑制されるでしょう。

大人も同じです。もし、Cがこちら側のコントロール下にあるのなら、それをコントロールすることで、相手の行動を変えられるかもしれません。

他の行動をとらざるをえない状況を作る

行動は変えられないといいましたが、例外はあります。それは、他のものに置き換わらざるをえない場合です。たとえば外食時に「ついつい多く頼みすぎる癖」を直してもらいたい場合は、「一食あたりの予算を限定する」ことで制限します。「コーヒーばかり飲む癖」のある人は、その代わりに「お茶を入れてあげる」などで置き換えさせます。なかなか工夫が必要なことですが、ゲーム感覚で観察しながら置き換える作戦を練りましょう。

第3章

癖事典

癖を手がかりに、心を読み解く

人の行動のほとんどは、心の状態を反映しています。そして、それが無意識であればあるほど「本心」に近いといえるでしょう。そうなると、完全に無意識にやってしまう「癖」は、自分や相手の「素のままの心」を推し量る上で大変役に立つと考えられます。仕草や行動の癖は心の癖であり、考え方の癖というわけです。

この章でご紹介する『癖事典』は、さまざまな癖を分類し、仕草としてどのような意味があるのかをよみ解き（状態）、それがどのような「心の癖＝性格や考え方」を表すのかを考察したものです（性格）。もちろん、状況や全体の雰囲気などで意味合いは変わってきますが、相手の状態や性格などを推し量るための有効な「手がかり」になることは間違いありません。もしかすると知らなかった自分の本心にも気づくかもしれません。

こうした癖を起点とした人間観察は、とても面白いもの。まずは「あの人」や自分の癖に思い当たるものがあったら、『癖事典』で調べてみましょう。その上で「どんな時に出るか」や「他の人にどんな印象を与えるか」など、少しずつ考える範囲を広げてきます。コミュニケーションスキルを磨く鍛錬…と構えすぎずに、気軽にやってみてください。

身体の一部に出る癖

【頭・髪】

	状態	性格
頭の後ろに手をやる	手は、目と同じように感情の出やすい部分です。その手を目のつかない後ろに隠すという行為は、なにかやましいことや不安なことがあって、心を読まれたくないという無意識のサインといえるでしょう。	手のひらを見せず、手そのものを相手の見えない位置に隠す癖のある人は、警戒心が強く、簡単に他の人に心を開きません。時間をかけて付き合うことが大切です。
頭をかく	てれた時の癖と捉えられがちですが、そうしたサインをあえて意図的に使っている可能性があります。比較的余裕があるときの行動ともいえるでしょう。	「照れている」「恥ずかしがっている」というサインを「あえて見せる」のが癖になっています。相手と表面的なつきあいにとどまっていることも多いでしょう。
髪をさわる	自己親密行動の一つ。サルにおいてはグルーミングとも置き換えができ、性的なアピールともいえます。緊張しているとき、とくに異性を意識しているときに出やすい行動です。	髪をひんぱんに触る人は、異性の視線を気にしてばかりのナルシストタイプ。実際、異性が髪を触る仕草は、男女とも好む傾向にあります。それによって強化されたと考えられるでしょう。
髪を引っ張る	若干懲罰的な自分に対する攻撃行動。自分を慰めるためではなく、至らなさに対して、罰を加えて自らを奮起させるために行っています。	自己肯定感が低く、完璧主義の気配があります。自分に対して厳しく律しようとするタイプ。
髪をかきあげる	髪をかきあげることは、髪を触るよりももっと大胆で目立つ仕草です。つまりその分強く何かを意識して緊張状態にあることを意味します。髪は性的なアピールにもなるので、かきあげる仕草はその象徴といえるでしょう。	髪をかきあげる癖がある人は、異性に対しての自分の魅力を強く意識しています。ナルシストであるのはもちろん、他人からの視線を気にしすぎる傾向にあり、自信過剰といっても良いかもしれません。

	状態	性格
毛を抜く	他より太い毛やザラザラした毛は気になるもの。そこで抜いてしまうとスッキリします。そのすっきり感がやみつきになっている可能性も。	自己親密行動の一つと考えられ、意図的に抜いている人は、比較的内向的で緻密な作業が得意な人に多いようです。無意識になっている場合は「抜毛症」などの病気の可能性も。
白髪を抜く	白髪は「老い」のサインです。それをなくすことで「若くいたい」という気持ちがあります。	見つけると抜くという人は生真面目で潔癖なタイプ。抜くとスッキリするという心理状態に依存している可能性もあります。
枝毛を取る	枝毛は髪の毛が傷んでいるサイン。カットすることが必要です。しかし、ハサミで切らずに爪などで切る人は「ケア」ではなく、枝毛を取るという行為自体に意味があると考えられます。	精神的に不安定な人。枝毛をとっている時だけは、他のことを考えなくてもいい。つまり、未来への不安や現状への不満など、現実逃避気味といえるでしょう。ニキビ潰しなどと同様、思春期に多く見られます。

【目・眉】

眉毛に触る	「眉に唾をつければ狐や狸に化かされない」という迷信から生まれたとされる「眉唾」という言葉もあるほど、眉毛は心と直結しているといえます。眉毛の形や動きで心の動きがわかってしまう。そこで、眉毛を触って、表情を読み取らせないようにしているわけです。	眉毛に触る癖のある人は、猜疑心が強く、他人に本心を見せることを極端に嫌います。まばたきをする人よりも、心に余裕があり、尊大なタイプが多いでしょう。
眉毛を抜く	形を整えるために抜く人は多いようです。ちょっと生えてきただけでも気になって、毛抜きでていねいに抜く人も少なくありません。	眉毛をきれいに整えておきたいという気持ちから抜く人は生真面目で潔癖症。気になるところを常にきれいにしておきたいタイプです。ただし、髪の毛と同様、無意識に全くなくなるくらい抜いてしまう場合は「抜毛症」である可能性があります。

眉をひそめる	眉を動かす	片眉を上げる	上目づかいをする	じっと見つめる	目線を左右にそらす
辛いとき、嫌なものを見たときなど、基本的に不快感を表す仕草です。本人は真面目な顔をしているつもりの場合もあります。	眉毛には表情が出ます。眉を動かすことによって表情豊かに見えますが、その裏に別の感情を隠している可能性も。	眉毛を上げる仕草は欧米人に多く見られ、「驚き」など、感情的に揺さぶられたときに現れます。ただし、肩眉だけを上げ、もう一方は下げたままにしておくのは「疑惑」のサインといわれています。	上目遣いは、自分が下である、保護する対象であるということを無意識にアピールしています。多くは子どもが大人に対しての行動ですが、女性が男性に行う場合も。可愛らしい上目遣いで男性の保護本能をくすぐっているのです。	自分が関心を持っていることを相手に伝えるために行う行為です。その視線が強い場合は、その視線によって相手を思うように動かしたいという支配欲求が現れていることもあります。	興味関心がないことの表れ、というのが一般的ですが、あえてそれを行い、相手の気持ちを引きつける行動でもあります。人は拒絶された気分になり、不安になるために、それをカバーしようと目をそらした相手にアプローチする傾向があるからです。
真剣さをアピールしようとして、癖になってしまう場合が多いようです。しかし、相手に不快感を与え、ネガティブに捉えられがちなので、信頼されないことも。それがまたストレスになって、真剣さのアピールにつながるという悪循環を繰り返しています。	眉を動かす癖がある人は、基本的には明るく表情豊かでひょうきん者といえるでしょう。しかし、内面では人一倍寂しがり屋で小心者。自分の感情を表面に出すことに不安を感じています。	片眉だけを上げる癖がある人は、猜疑心が強く、プライドが高いといえるでしょう。ただし、ポーズでやっている場合も多く、その場合は小心者であることを隠すためにわざと尊大にみえるようにしています。	これが癖になっている人は、男性女性問わず、依存心が強く、甘えん坊といえるでしょう。中には確信犯的に行っている人も少なくありません。くれぐれも騙されないように注意して。	外交的で自信家。支配欲求が強く、相手よりも自分が上であることを無意識にアピールしています。	自分に自信はないけれど、自己顕示欲は強い。そんなちょっとひねくれたタイプに多い癖です。わざと嫌味をいったり、仏頂面をしたり。不器用なタイプともいえます。

	状態	性格
目が泳ぐ	いわゆる挙動不審な行動ですね。ウソをついているときや居心地の悪い場所にいて、ストレスを感じているときなどに出やすい仕草です。苦手な相手の場合はもちろん、好きな相手、気になる相手の前でも多く見られます。	やましいこともないのに、この癖が出やすい人は、自分に自信がなく、小心者。どこか突っ込まれるのではないかとハラハラしています。
目をギュッと閉じる	怖いとき、なにか嫌なものを忘れたいときなどにする仕草。そこから気持ちを切り替えるときにも行います。	ひんぱんに目をギュッと閉じる癖がある人は、強いストレスにさらされている場合が多いでしょう。子どもにも多く、チックの一種といわれていることも。
ひんぱんにまばたきする	何か不満や驚きなどがあった時に、何らかの事情でその感情を口に出せないときに多いようです。	不満や驚きを言わずして表現しています。比較的感情が顔に出やすいタイプといえるでしょう。
目をくるくる回す	いろんなことをめまぐるしく考えるときに出やすい仕草です。相手に対する好奇心の表れでもあります。	表情が明るいならば、好奇心が強く、社交的なタイプといえるでしょう。にこやかな表情ながら、相手はどんな人か、めまぐるしく観察しています。
目をこする	何かやましいことがあるときに出やすい仕草です。というのも、目はその人が考えていることや感じていることが出やすい部分。目をこすることによって、視線を遮断し、心を読めないようにしています。	小心者で恥ずかしがり屋さんに多い癖です。やましいことがなくても、心を読まれることに不安を感じています。サングラスなどをかけると安心して癖が出なくなることが多いでしょう。

【耳】

耳を出す	相手の話や周りの音がよく聞こえるように、髪の毛を耳にかける仕草です。音のする方に耳を向けることもあるでしょう。集中して聞きたいときや、真面目に向き合っているときに行う仕草です。そう見せかけようとすることもあります。	相手のいうことをよく聞こうとするポーズが癖になっているということは、逆にあまり聞いていない場合が多いということ。基本的には真面目ですが、気の散りやすいタイプといえるでしょう。

耳をさわる	いわゆる自己親密行動の一つ。不安を解消しようとしています。また、人の話に飽き飽きしているときや、リフレッシュして聞き直そうとしているときなどにも見られます。	自己親密行動中でもとくに乳首を彷彿させる「耳たぶ」ばかりに触れる人は、マザコンやファザコンの可能性が大。依存心が強く、わがままを受け入れてくれることが愛情だと勘違いしている気配があります。恋人にするときには注意。
耳をほじる	自己親密行動の一つ。不安を解消しようとしています。リラックスしているときは相手の話に対して懐疑的になっていたり、いい加減な気持ちで聞いていることもあるでしょう。	人の言うことを話半分に聞いているやや不真面目なタイプ。ただし、社会的には「鼻の穴」より目立たないため、人の目を気にして自重できるタイプといえるでしょう。
耳を引っ張る	耳を引っ張ると脳へ血液がめぐるといわれています。耳を引っ張るのはあくびと似た仕草といえるでしょう。	無関心さの表れ。この癖のある人は、どこか人を軽く見ており、話半分に聞いています。一人でいる時にひんぱんに出るのであれば、疲れていたり、忙しすぎて混乱している時といえるでしょう。

【鼻】

鼻をほじる	鼻の通りが悪い、鼻に不快感があるなどの時に指を入れる人もいます。ただし、社会的に不快とされる癖なので、人のいないところで行っている事が多いでしょう。	社会的に不快とされる行為にも関わらず、人前で癖になっている人は周囲をあまり気にしない唯我独尊タイプ。頑固で融通がきかず、人との摩擦も多くありますが、一方で粘り強く集中力があります。
鼻を触る	自己親密行動の一つ。本当は顔を覆いたい、目をこすりたいところですが、やや控えめに鼻になっています。	目をこするのと同様、小心者で恥ずかしがり屋さんに多い癖です。やましいことがなくても、心を読まれることに不安を感じているようです。また、ウソをついていて不安を感じている時にも出やすい仕草です。

	状態	性格
鼻をすする	鼻汁が出そうになっているのをずっとすすっている人がいます。また鼻の通りがよくても鼻をすする人もいます。	鼻をかめばすむことながら、人前で鼻をかむのは何か恥ずかしく、無礼に当たると考えて鼻をすすってやり過ごしているのでしょう。相手に不快な思いをさせている事に気付かない「鈍感」な人といえるでしょう。繰り返すうちに気にならなくなり、鼻が通っていても鼻をするようになります。
鼻毛を抜く	鼻毛チェックは今や身だしなみの一つ。過剰に気にして抜く人も増えているようです。とはいえ、細菌が入る可能性もあり、ハサミでカットする方が良いようです。	白髪などと同様、抜くとスッキリするのが病みつきになって癖になってしまうようです。気になりだすと気になる潔癖症の人に多いようです。
鼻を曲げる	自己親密行動の一つ。鼻を触るのとほぼ同じですが、それが若干強めに出ています。	鼻を触るのと同様ですが、さらにもっと強い刺激が必要になっています。基本的に鼻を触るのは、顔を隠したいという気持ち。恥ずかしがり屋で目を見て話すことが苦手です。
匂いをかぐ	動物的な本能に基づいた自然な行為ではありますが、人目を意識せずなんでも嗅ぐのは、軽度の強迫性障害の可能性があります。	基本的には人間の自然な行動ですが、目立つようであれば、何か不安が原因で確認したいという気持ちの表れでしょう。靴下や脇の下、爪の垢などわざと臭い匂いを嗅ぐ人は、自分の強い匂いを嗅ぐことで安心感を得たいと思っています。

【口・唇】

	状態	性格
口をあけっぱなしにする	慢性鼻炎など、鼻で呼吸がしにくい人に多く見られます。鼻炎が治っても癖になってしまうことがあります。	ぼーっとしているとき、集中しているときなどにこうした癖が出る人は少なくありません。基本的に口呼吸はよくないものですが、口をあけるという行為自体はリラックスするためには効果的とされます。マイペースで人目を気にしないタイプといえるでしょう。

口を一文字に結ぶ	口角をあげる	唇に触る	唇をなめる	舌が出ている	舌打ちする
口を一文字に結ぶだけでなく、歯を食いしばっていることも多いようです。真剣な雰囲気で、周囲からの印象は悪くありませんが…。	口角を上げるのは、基本的には「ほほえみ」のサインです。しかしながら、口元だけを上げる場合は意図的な笑顔のアピールになります。	指で唇に触れるのは、心の不安を克服し、落ち着きを取り戻したいという気持ちの表れ。唇は母親の乳房や乳首の代わりになっており、赤ん坊の頃、安らぎが得られるまで乳首を吸い続けていたのと同じように、気持ちが落ち着くまで指で唇を触り続けているわけです。	興奮状態にあるとき、赤ちゃんのおしゃぶりのように、不安な時に口元への刺激を与えることで心の安定を図ろうとしています。性的なメッセージを感じさせるので、特に女性は勘違いされないように注意した方がよいでしょう。	いわゆる自己親密行動の一つ。また、集中できるもの、興味が持てるものを見つけたときにも、舌なめずりをすることがあります。緊張しながらも、対象に対してアプローチしたいと考えています。	他の人の行動に不満があり、ケチをつけることを意図したネガティブな行為です。
きゅっと口を一文字に結ぶ癖のある人は、一本気で真面目、集中して物事をこなす人です。真剣になっているので、この癖が出ている人の前でふざけたことをいうと、反感を買う可能性があります。	心から笑っているわけではないのに、口角だけを上げる癖のある人は、余裕のあるところを見せようとしています。自信家か、もしくは相手にリラックスするよう配慮する余裕のある人といえるでしょう。	神経質なところがあり、不安を感じやすい。ただし、それを上手に解消するすべも知っているともいえます。	不安を感じやすい、不安定なタイプ。ただしその一方で、その不安を楽しんでいる気配もあります。ギャンブル中などにこの癖が出る人は癖になりやすいので注意。	ストレスに対して繊細なタイプ。しかし、唾液が出てこうした癖が出るという人は、アグレッシブで好奇心の強いタイプといえるでしょう。ストレス＝楽しみと捉えることが出来る人です。スポーツ選手等にも多く見られます。	合理的で何事もきちんと思い通りにいかないと不満がたまるタイプ。とはいえ、何か働きかけることで改善しようというより、うまくいかないことは変えられないと思っているので、不満を蓄積しがちです。

	状態	性格
唇をとがらせる	不満や不安を意味する行為。何か物を言いたいのに言えないときなどにも出やすい表情です。	批判精神旺盛な人。常に前向きで、アグレッシブ。相手に対しても攻撃的なタイプです。相手がいないところでこの癖が出る場合は、イメージの中で何かを攻めていると考えてよいでしょう。
唇をかむ	不満や不安を意味する行為。唇をとがらせるのと同様、何か物を言いたいのに言えないときなどにも出やすい表情です。	唇をとがらせるのがアグレッシブなら、唇を噛む癖のある人は我慢するタイプといえるでしょう。ただし、突然切れることもありますので、時には不満を聞いてあげる事も大切です。
歯を鳴らす	歯の噛み合わせがよくない場合に起きやすい。噛み締めたり、カチカチと音を立てたり、寝ているときも「はぎしり」が起きる場合がある。	強いストレスにさらされている可能性があります。しかし、それを表面に出さず内面に押し殺すタイプでしょう。人に話すなど、ストレスを解放することが大切です。
あごを触る	ひげの具合をチェックしている場合もありますが、多くの場合、考え事をしているときによくみられます。	あごを触ったりあごを突き出すのは高慢な態度、自分の立場が上だと思っている人に多く見られます。プライドが高いタイプですが、おだてには弱いでしょう。

【首・肩】

	状態	性格
首を鳴らす	緊張すると体が固まり、それをほぐすために、腰や首をひねって鳴らすという行動を行う人がいます。一見理にかなった行為ですが、骨や関節を痛めるとされています。	腰や首などの関節を鳴らす人は、「一瞬疲れがとれた」ことが強化子になって、必要がないときにも鳴らしてしまいます。科学的にNGとされても、心理的な癒し効果で癖になっているわけです。
首を傾げる	疑問を感じたときなどにする仕草ですが、相手に媚びる気持ちも表れています。	首をかしげる癖がある人は、相手におもねる気持ちが強い傾向にあります。まっすぐ相手に向きあうことをプレッシャーに感じ、やんわりと視線を外しているのです。

肩を回す	肩が凝っているときなどに肩を回すと楽になります。それを知っていて無意識に行うことが多いでしょう。	肩を回して楽になった、その経験から癖になる人が多いようですね。基本的に生真面目で、仕事に集中する人だと思われます。

【腕】

腕を伸ばす	緊張で張りつめていた状態から、リラックスしようというときに現れる仕草です。	伸びをすること自体は誰でも行いますが、それがひんぱんになって癖になっている人は、ストレスを感じている場合が多いでしょう。しかし、それを上手に解消する方法を知っており、おおらかなタイプが多いようです。
腕を組む(あごを出す)	現在の自分に自信がないにもかかわらず、それを相手に感じさせないように尊大な態度で虚勢をはっている。相手への拒絶を表します。	劣等感を持ちやすく、とくに権力や腕力に対して卑屈になりやすいでしょう。尊大なように見えて、実はそれが虚勢だとばれないか心配している小心者です。
腕を組む(あごを引く)	両腕で自分をしっかりと抱くことで、悲しみや不安を自分の中に受け止めようとしている。	内省的なタイプで、攻撃性が低く、不安感を発散せずに自分の中に受け止める。精神的に安定した思慮深い性格。
腕をさする	筋肉痛だったり、肌寒かったりすると人は腕をさすります。しかしそうした原因もなく腕をさする場合は、不安を感じていて、それを解消するための自己親密行動といえるでしょう。	この癖がある人は、行動的で意欲的な人が多いようです。ストレスに対して不快感だけでなく、どこかワクワクするなど、好奇心が旺盛です。

【手・指・爪】

手を握っている	簡単にできる自己親密行動の一つ。手を組んだり、腕を組んだりするのと同じ意味を持ちます。	手のひらを内側に向けて、相手に自分の心を読まれないようにしています。内向的な人が、怒りや悲しみなどに襲われたときに、中に押し込めようとすることも多いでしょう。

	状態	性格
手のひらを見せる	心を開いて、率直に話そうとしていることの現れ。無意識に手のひらを見せる人に対してはリラックスして接する傾向にあるので、意図的に行ったとしても相手に安心感を与えます。	オープンでフレンドリーなタイプ。誰とでも仲良くなりますが、感情のコントロールは苦手かもしれません。率直にものを言い合えるのは、ケンカにもなりやすいもの。仲良くなっても「親しき中に礼儀あり」でいきましょう。
指をしゃぶる	乳児～幼児期に最も多い行動で、基本的には母親の乳首を指に見立てていると解釈されます。	子どもの頃の癖が抜けない子どもっぽい人といえるでしょう。指をしゃぶるのが恥ずかしい場合、軽く噛んだり、爪噛みなどに変化します。
指を鳴らす	ポキポキと関節を鳴らす行為。映画やドラマなどでのケンカのシーンなどにも意図的に使われることもあるように、「腕に自信があること」「威嚇」を意味します。	これが癖になっている人は、それが意図するほど腕に自信があるわけでも、好戦的でもありません。何かをはじめるとき、飽きたときなど、気持ちの節目をつける際の合図程度だったりします。
指を立てる	指を立てることは一点に集中することを意味します。集中したい場合、注目をされたい場合などに多く見られます。	神経質で物事を突き詰めて考えたいタイプでしょう。それを周囲にも求める傾向にあり、その中心に自分がいることを好みます。
指をさす	人を指さすのはあまり好ましいことではありません。しかし、教師と生徒のような関係の場合は認められる場合もあります。	相手より自分のほうが上位にいることを意識し、それを利用して注目をさせようとしています。やや強引で独善的なところがあるため、敵を作りやすいタイプです。
爪を噛む	欲求不満や不安感を解消しようとしているのは、指で唇に触るのと同じ。ただし、欲求不満度が高いために、指を噛んだり、爪を噛んだり、攻撃性が高まってきています。	唇に触る癖がある人より、さらに神経質な傾向があります。ストレスに対して我慢強いタイプです。

【足】

	状態	性格
足をバタバタする	足音を立てるのは、こどもっぽい行動です。慌てたり、焦っていたりする際にバタバタ音を立ててしまいがちです。	座っているときに足をバタバタさせているのは、楽しくリラックスしている現れ。同時に自分に関心を引きたい気持ちの表われであり、やはり幼稚なタイプが多いようです。
足を組む	基本的にはリラックスしているときの行為なのですが、ピタッと閉じている場合は相手への拒絶。足をぶらぶらさせている場合は、相手へ好感を持っていると思われます。基本的に目上の人の前では行いません。	足をぴったり組む癖がある人は、防衛本能が強く、簡単に相手に心を許しません。一方、足を組んでいても宙に浮いた足がぶらぶらしている人はフレンドリーであけすけなタイプといえるでしょう。
足を投げ出す	リラックスして、相手に任せようというときに出るサインです。	相手に対して心を開き、相手のいうことを積極的に聞こうとするタイプ。フレンドリーですぐに人と打ち解けます。やや自分が見えておらず、やりすぎ、いきすぎることも。
足を手前に引く	何か活動しようとしているサインです。立ち上がろうとしているか、何か発言しようとしています。	この状態でよく座る人は、アグレッシブで常に自分の方から働きかけるタイプです。一方で人の話を聞かないこともあります。
貧乏揺すりをする	膝や足先をゆらし続ける「貧乏ゆすり」は、動きたいのにじっとしていなければならないなど、心理的に葛藤しているときに出やすい行為です。スカートを履く女性より、男性の方に見受けられます。	「貧乏ゆすり」が癖になっている人は、常に不満を抱えており、ときには怒りすら感じていることがあります。ストレスを合理的に解決しようとせず、現状に対しての不満を募らせていることが多いでしょう。
右足（利き足）を上にして組む	利き足を一度下ろしてからでないと立ち上がれない状況。つまり、受け身でいる状況で、利き足が上になることが多いと言われています。	控えめな性格で、自分から相手にアプローチすることは少なめです。リードされたい人といえるでしょう。

	状態	性格
右足（利き足）を下にして組む	足をほどきながら立ち上がれる状況。つまり、フットワーク軽くアグレッシブな気分でいます。	積極的でオープンなタイプ。リラックスしているようでいて、会話や議論よりも、実際にアクションを起こしたいタイプです。
足首を交差させて座る	その場では主導権を握っていないことを理解しており、フォローされる立場にあることを意識しています。足首をねじったり、ゆらしたりしている場合はとくに依存的で「末っ子」の気分になっているでしょう。	精神的にやや幼いタイプで、ついていくというより、だっこして連れて行ってもらうことを望むタイプです。その反面、サポートする側には嬉々として参加します。
足を組み替える	ストレスがかかっており、「この場から速く逃げたい」心理の表れです。聞き手になっている場合「早く終わらないかな」と思っているはず。話し手の場合、ウソをついていたり、話したくないことだったりする可能性が高いでしょう。	欲求不満の表れで、現状にイライラしています。内面はほぼ同じとはいえ、貧乏ゆすりに比べるとまだマシな癖。その範囲でとどまっているということは、まだ大人といえるでしょう。

【笑う】

高い声を出して笑う	場所にそぐわぬ甲高い声で笑う場合は、目立ちたいというよりも、周囲の人に対して引け目を感じているため、緊張していることが多いようです。	高い声で笑う癖がある人は、内気ではにかみ屋。周囲に対して劣等感を抱いていることも少なくなく、自分を下に感じていることが多いようです。高い声は弱い、幼いものであることの象徴でもあるので、攻撃性がないことをアピールしていると考えられます。
大きな声で笑う	場に合わない大きな声の場合は、自己顕示欲の表れ。その場での影響力を顕示し、自分を大きく見せようという心理の表れです。	野心家で威張りたがり屋、人に注目されたいと思っている一方で、実は寂しがり屋で甘ったれ屋さん。他の人が注目を集めることに対して、嫉妬の火を燃やすことも。

手を叩いて笑う	大口を開けて笑う	声を出さずに笑う	口元は笑っていても目が笑っていない	含み笑いをする
大きな声で笑うのと同様、その場で自分に注目してほしいという思いの表れ。もしくは、あえて引き立て役を買っている場合もあります。いずれにしても、自分がその場に影響を与えていることを自覚したいときに出やすい仕草です。	屈託なく大口を開けて笑う仕草は、開放的で邪心のないことを表す仕草。リラックスできる場であることのアピールでもあります。	忍び笑いは、含み笑いと同様、やや失礼に取られることがあります。しかし、静かな雰囲気は大人っぽい印象を与えます。	人の本音は口元より目元に本音が出がち。面白くも楽しくもないけれど、笑う必要があるために笑う。そんな時に出やすい表情です。	含み笑いは、ときに失礼なもの。でも、多くの場合、自分の中での笑いが表面に出てしまっただけであり、他人に見せるための笑いではありません。つまり、悪意のない場合が多いのです。
これも大きな声で笑う癖と同様、野心家で目立ちたがりやな性格の人に多い癖です。その一方で、寂しがり屋で自虐的な面も。大声で笑う人よりも、若干複雑な思いが背景にあるようです。	口を隠すことなく、大口を開けて笑う人は、天真爛漫で開放的。あけっぴろげといってもいいかもしれません。社交的でオープンな性格なので、友だちも多いはず。ただし、隠し事は下手なので、デリケートな相談はしないほうがいいかも。	静かで声を出さずに笑う人は、冷静で客観的であろうとする理性的なタイプ。感情を表面に出すのは、弱みを出すことと同意義に考えています。	皮肉屋で批判的なタイプ。もしくは他に心配事などがあって、心から笑うことができない人に多く見られる癖です。	曖昧な笑い方、含み笑いをする人は、他人よりも自分に関心がある人。内向的で内省的。自分の中に世界を持っているので、他人にどう見えるかより、自分がどう感じているかで行動します。

表情やしぐさに出る癖

【話す】

	状態	性格
早口でしゃべる	話したい内容が次から次へと浮かんできて、言葉がどんどん出てきてしまう。時にノリで話している場合もありそうです。相手が聞いているかどうかより、自分が気持ちよく話せていることに重点を起いています。	頭の回転が速く、明るく外交的で人と話すことが楽しくてたまらないはず。しかし、聞き手の反応より自分の話したいことを優先させてしまう自己中心的なところがあります。ウソを付く人が早口になりがちなので、癖になっている人は軽んじられることもあるでしょう。
ハキハキしゃべる	仕事の場でも、プライベートでもハキハキしゃべる人は好感をもたれやすいもの。自分の伝えたいことをしっかりと伝え、相手の言うことも誠実に聞こうとしています。	コミュニケーションの原則にのっとった行動をきちんととれる、現実的でまじめなタイプです。その分相手にもそうした態度を望むので、不まじめな態度を取ると怒ってしまうことも。
ひそひそしゃべる	話の内容があまりポジティブではないときに出やすい話し方です。とくに耳打ちは、第三者からは大変不快にみえますので気をつけましょう。	常に批判的な視点を持って話をするタイプ。自分の行いは正しいのか批判されることはないのか考えながら、慎重に行動します。他人にも自分にも厳しく、つきあうには少々息が詰まるタイプ。
ゆっくりマイペース	相手にわかりやすく気遣って話すというより、自分自身が確認しながら話しています。相手の反応次第で態度を変えるわけではないので、ときにはうざったく感じられることでしょう。	自分の語りに酔ってしまう、いわばナルシスト。相手をイライラさせることはあるかもしれませんが、本人は意にも介さないので喧嘩になることは少ないでしょう。
ジェスチャーが大きい	びっくりしたり、感動したり、気持ちが大きくゆさぶられたときに出やすい話し方です。日本人よりも、欧米人に多い仕草です。ただし、ウソをついているときも、ジェスチャーが大きくなる傾向があります。	感情の起伏が激しく、情熱的なタイプ。聞き手に対しても、同じように感じて、同調してもらえることを望んでいます。早口でしゃべる人と同様、ウソをついていると思われがちで、オーバーな人と誤解されることも。

同じ事を何度も話す	何度も同じ事を話すのは、その人の意識が話の相手に対してではなく、話の内容に集中していることを意味します。つまり、「誰に」話したかではなく、「何を」話しているのかだけに意識が向いているので、何度も同じ人に同じ話をしてしまうわけです。	同じ事を何度も話す癖がある人は、比較的自己中心的で、自分の話ばかりする人が多いようです。悪意はないのですが、自分が好きなナルシストとも言えるでしょう。

【電話で話す】

電話の時にお辞儀をする	日本人がよくやる仕草として、欧米では揶揄の対象となっていましたが、裏表のない心からの対応をする真摯な態度と評価できるのではないでしょうか。	基本的には真面目で誠実な人。しかし、誰にでもどんなときにも、こうした癖が出てしまうという人の場合は、若干その誠実さを疑ってみた方がいいかも。態度が形骸化している場合も少なくありません。
電話の時に落書きをしている	ぐるぐると意味もなく円を書いたり、落書きをしたりという行動は、リラックスしているようでも、どこかいい加減に聞いていることが多いでしょう。仕事の際には不謹慎に見られることも少なくないので、止めたほうがよいですね。	癖になっている人は、やはり人の話を半分しか聞いていないタイプです。若干相手を軽んじている可能性があります。
頻繁に受話器を持ち帰る	緊張状態や意欲の表れ。できるだけしっかりと聞こえるように、受話器との関係を整えようとしています。	忙しくなると、この癖が出る人が多いようです。相手の話をしっかりと聞くというよりも、短時間で的確にコミュニケーションできるようにしていると考えられます。熱意があり、合理的な仕事人といえるでしょう。
携帯電話を手放さない	携帯依存症といわれるほど、社会問題化しています。若者に多く、自分自身に十分自信がないために、人とつながっていることに安心感を求めます。その反面、陰口や仲間はずれを異常に怖がる傾向にあります。	この癖がある人は、依存症一歩手前と思った方がよいでしょう。フットワークが軽く、社交的に見えて、実は人付き合いが苦手。ゲームに依存している場合もあります。

【人の話を聞く】

	状態	性格
ほおづえをつく	会話などに対して関心を持っていないことの表れ。「早く終わらないかな」など、心の不満が表れています。	なかなか本音が言えない、不器用なタイプ。話を上手に切り上げることができず、無意識に無関心な態度をとってしまいがち。一人でこのポーズを取る人は、退屈していることを表現する事で人に話しかけてもらえることを期待しています。やや甘えん坊ともいえるでしょう。
指でテーブルを叩く	人の話を聞いているときのこの仕草は退屈しているサイン。しかし、一人のときになんとなく机などに対してトントンとやっている場合は、集中していたり、何かを考えていたり、自分の世界に入っているサインです。	この癖を持っている人は、楽観的でマイペース。人にペースを乱されるのを嫌うので、集中しているときには話しかけないほうがベター。頑固ですが、ペースに合わせてあげると、あっけなく心を開く素直なところもあります。
物をもてあそぶ	一見会話に集中してるように見えて、頭の中では別のことを考えています。決してぼんやりしているわけではなく、目の前の会話よりも重要なこと、すぐに解決しなければならないことなどを考えています。	注意力が散漫で、気が散りやすい人。常に目の前のことよりも、別のこと、次のことを考えてばかりいます。結果、重要なことを聞き漏らし、失敗することもあるので注意しましょう。
必要以上に深くお辞儀をする	深く関わりたくないと思っている心理の表れ、慇懃無礼という言葉がありますが、まさにそれに該当します。同じように、必要以上に敬語を使うのも、相手と距離を置いておきたいという気持ちの表れです。	これが癖になっている人は、対人関係に疲れているか、苦手になっており、人との距離を保っておきたいと考えています。人見知りな性格でありながら、人と接さざるをえない状況にあるのかもしれません。

【字を書く】

	状態	性格
右上がりの字	文字の多くが、左から右へ引く線でできています。そのため、右上がりの方が流れにしたがっているということになります。	右上がりの字を書く癖がある人は、何ごとも前向きに考え、ポジティブな性格です。素直で正直者、何ごとにも積極的に取り組むが、単純で騙されやすいところがあります。

右下がりの字	右上がりの方が流れにしたがっていると考えられます。つまり、右下がりはイレギュラーということになります。勢いが削がれている字であることが多いでしょう。	右下がりの字を書く人は、やや反抗的で頑固者。まわりに流されることなく自分を貫いていけるタイプです。変わり者、アマノジャクと取られることも少なくありません。
水平の字	右上がりの方が流れにしたがっていると考えられます。水平であることはイレギュラーなこと。多くの場合、角ばった字であることが多いようです。	水平で、右にも左にも傾きがない人は、淡白なタイプで、物事に無関心でしょう。こだわりがないところが長所でもありますが、はっきりしない性格といわれることも。
縦書で下に行くほど左側にずれる	縦に書いていくにしたがって左側にずれるのは、だんだんと大きな文字を書いたり、スペースをゆったり取ったりすることが多いでしょう。間を測ることが苦手という事になります。また、同じ文字、同じスペースで並行して左にずれていくのは、勢いが余っている証拠。	楽天的で考えるより先に行動する傾向にある。
縦書で下に行くほど右側にずれる	縦に書いていくにしたがって右側にずれるのは、スペースを削った結果です。並行して右にずれる場合は、だんだんと手元に近づいてコンパクトにまとめようとしている様子が伺えます。	やや悲観的で消極的。緊張しやすくストレスに弱い。
行がうねる	文字の大きさやスペースなどがまちまちで、行がうねうねと曲がっています。	感覚的なタイプで、芸術やスポーツなどを好む人が多いでしょう。感情も豊かで、喜怒哀楽が文字に出てしまうことも。
女らしい字	繊細でやさしい印象がある文字。筆圧は低いことが多いでしょう。	繊細で消極的なタイプ。全体の印象はそうであっても、トメハネや筆圧がしっかりしている場合は、外見よりも気が強いタイプ。
男らしい字	大胆で力強い印象がある文字。筆圧は高いことが多いでしょう。	大きく雄大な字は、男性らしさを感じさせるが、トメハネがしっかりしていない場合は見掛け倒しのことも。

	状態	性格
強烈な癖字	個性的な文字ですが、すべてバラバラというわけではなく、そこに何らかの規則性があります。	独自性が高く「変わってるね」といわれることを好むタイプ。自分の能力に自信を持っており、ワンマンタイプのところもあります。
角張った字	直線的で角もしっかり、ノートの罫線に沿うように書かれていることが多いでしょう。理系の男性に多く見られます。	几帳面で、義理堅いタイプでしょう。あまり感情表現が上手ではないため、「冷たい人」と思われ、誤解をされることも。
丸みのある字	丸みを帯びており、明るい印象がある文字。「ポップ」などにもできそうなように整っていることが特徴です。女性に多いようです。	社交的で友人も多いでしょう。ただし、誰とでも仲よくなれそうな雰囲気ながら、実は好き嫌いもはっきりしています。明るい性格ですが目立つことはあまり好みません。

【ハンコを押す】

ハンコが枠からはみ出す	ハンコは自分のささやかな分身と捉えられます。ハンコの押しグセによって、心のありようを推察してみましょう。	上司に対して反感や対抗意識を持っている人は、上司の欄の方にはみ出す傾向があります。一方、部下の欄の方にはみ出す人は、上にはシッポを振り、下には厳しいタイプ。
ハンコを逆さまに押す		本来は起案に同意しないの意味。ですので、かなり衝撃的な意味なのですが、「うっかり」間違うのも、かなり衝撃的。注意力が散漫なので、大切な仕事は任せないほうがベター。
大きいハンコを好む		役職に応じてハンコの大きさは大きくなっていくのが普通。それにもかかわらず、必要以上に大きなハンコを好む人は、上昇志向が強く、権力に対して執着するタイプでしょう。

【歩く】

	状態	性格
マイペースで歩く	自分のペースに相手が合わせることを求めており、夫婦や恋人同士など、そうしたわがままが許されると思われる関係において見られます。ついていく方は迷惑ですが、リラックスした状態であることは確かです。	自分のペースで歩くのが癖になっている人は、一本気で頑固、人の意見にもあまり耳をかさないタイプといえるでしょう。行動的な男性に多いようです。
相手に合わせて歩く	相手に対して保護意識または、逆に帰属意識を持っている際に、多く見られる歩き方です。	周囲に気配りができる温和な性格で敵が少ないタイプです。大きな愛情を持って相手と接することができます。ただし、相手に帰属意識を持っている場合、優柔不断な面もあり、周囲の評価を気にしすぎることも。
走るように歩く	焦っているときなど、ついつい小走りになりがち。無意識にスピードアップしていることがあります。	これが癖になっている人は、元気で明朗活発。人がよく頼まれると断れないタイプです。落ち着きのないところがあり、結果やや軽んじられてしまうことも。
うつむきで歩く	欧米人から見ると、日本人はうつむいて歩いている人が多いといいます。文化的に目を直接合わせないためと考えられますが、諍いより平穏に過ごしたいという気持ちの表われと言えるでしょう。	そんな日本人の中でも目立ってうつむいて歩く人は、小心者中の小心者。よくいえば、平和主義者といえるでしょう。歩く時以外も伏し目がちであることが多いようです。
リズミカルに歩く	気分良く、自信に満ち溢れた歩き方です。プレゼンや商談がうまくいったときなど、こんな足取りになっていませんか？	常にこんな歩き方をする人は、自分が有能であることを自負しており、自信に満ち溢れています。世界はバラ色に見えているはず。しかし、その分自分しか見えていないことも。
反り返って歩く人	一見力強く、悠々とした歩き方に見えますが、不自然なほど反り返って歩いている場合は、虚勢を張っているだけの場合が多いようです。	社会に不満を持っており、自分が正当に評価されていないと感じています。ヤクザや不良少年などにも多い歩き方です。

	足音を立てないで歩く
状態	失敗したり、アウェイの環境だったり、そうした場面では小股になり、足音にすら敏感になります。足音は自己主張というわけです。
性格	普段から足音を立てないで静かに歩く男性は自己主張が控えめ。欧米型になりつつある競争社会ではなかなか評価されにくいもの。専門職などで自分の世界に没頭している方が幸せかもしれません。

【座る】

浅く座る	足を投げ出して座る	足を組んで座る	足をそろえて膝を閉じて座る
すぐに立ち上がることができるため、緊急時にもすぐに行動できます。裏を返せば、さっと立ち去りたいという気持ちの表われということもできるでしょう。	気の置けない人と一緒のときなど、リラックスしているときに出やすい仕草です。しかし、同時に相手に対して自分の方が上位と考えていることがうかがえ、ふてぶてしい態度に取られがち。電車の中など、公共の場でのこの態度は控える方がよいでしょう。	これもリラックスしている際の仕草の一つです。ただし、リラックスしながらも、相手に重圧をかけることを意図している場合もあり、尊大な仕草の一つともいえます。	慣れないところや初対面の相手、苦手な相手などに対してやや引き気味になっており、緊張しているときに出やすい仕草です。また、まじめに見られたい場合などにも意図的に行うことが多いでしょう。
浅く座ることが癖になっている人は、緊張しやすいタイプ、またはせっかちですぐにでも動き出したいタイプです。目が伏し目がちなら前者、キョロキョロしているなら後者といえるでしょう。	どんな場所でもこの癖が出る人は、不特定多数の人に対して根拠のない自信や優越感を感じています。自己顕示欲が強いところがあるでしょう。	強気で威圧的、自分の力に自信がある人の癖です。負けず嫌いで、人から下に見られたり、なめられたりすると激高することも。ただし、目線を落として腕を組み、足を組んでいる場合は、人を拒絶したい、不安な状態にあります。	生真面目で人見知り、小心者である可能性があります。いつもこの癖が出るようであれば、どんな場所でもボロをださないようにしているわけです。女性の場合は、しつけにより癖になっていることが多いでしょう。

【食べる】

	状態	性格
食べるのが早い	焦っているとき、意欲が増しているときに食べるのが早くなっているということはありませんか。「食べること」はまさにエネルギー補給。その速度をあげるということは、アグレッシブな状態にあることを意味します。	早食いが癖になっている人は、せっかちであるのと同時に、バイタリティに溢れ、活動的な人であることが多いでしょう。しかし、皆がゆったりとした場でも早食いしてしまうようであれば、空気の読めない暴走タイプと取られかねません。その意味でやや自己中心的なところがあります。
肘をついて食べる	マナー違反で、決して行儀の良いことではありません。しかし、心理学的にはリラックスしている時、相手に気持ちを許しているときなどの行動といえます。	癖になっている人は、オフィシャルな場でのプレッシャーに弱く、ノンオフィシャルな場で相手と仲良くやっていたいと考えているでしょう。
使わない手を握り締める	お茶碗を持つようにしつけられた人は、洋食などの皿を握らない場面で、片手を握りしめていたり、開いて宙に浮かせていたりしがちです。	これが癖になっている人は、その場のルールを自分なりに理解し、対応しようという真面目なタイプです。素直ですが、少々子どもっぽい面があることも。
食べ物が入ったまま話す	マナー違反で嫌われる仕草ですが、本人に悪意はありません。話をしたいし、ものも食べたい。相手と食事をすることが楽しくて仕方がないわけです。	これが癖になっている人は、せっかちでアグレッシブ。しかし、親や他人から注意されたこともあるはずなのに、この癖が抜けないのは、頑固で人の意見を聞かない面があると思われます。
すぐに調味料をかける	人が調味したものを食べる前に調味料をかけるのは、作ってくれた人に対して失礼というもの。自分好みにしたいという思いの表れでしょう。	自分の意見を押し通す独善的なタイプです。猜疑心が強く、人の好意を素直に受け取れないところがあります。

	状態	性格
食事時にこまめに水分を取る	喉の渇きは、緊張やストレスが原因であることが多いもの。事物を食べるという場面で、こまめに水分を取る人は、ストレスがかかっているとも考えられます。	こまめすぎるほど水分を取る人は、どこか欲求不満気味。生理的には水分が不足していなくても、常にストレスを感じていると喉の渇きを感じます。
料理を隠すように食べる	お弁当や自分が食べている料理を隠すようにすることは、あまり格好のいいものではありません。中身に対して引け目を感じていることもあります。	自分の内面に自信が持てず、人に評価されることを極端に恐れているタイプです。それ故、虚勢を張って無理に自分をよく見せようとしたり、嘘をついたりすることもあるでしょう。
口に運ぶ食べ物を確認する	作ってくれた人や食べ物に対して疑いを持っていたり、不満を持っていたりするときにちらりとみてしまうことはあります。しかし、それなら食べなければいいのにお腹は空いている。そこで、しっかり吟味して食べようとするわけです。	こうした行動が癖になっている人は、対象に対して不満を持ちやすい一方、執着心が強い傾向にあります。転職するより、上司や職場の愚痴をいう人もこのタイプですね。恋人にすると、後々ストーカーになりやすいので注意。

【お酒（飲み物）を飲む】

	状態	性格
グラスの上部を持つ	基本的に動物は上が上位、下が劣位と見なされます。グラスの上部を持つということは、その場で気後れしていない状態で、自分はそのグループの中で上位にあるという意識が現れています。	この癖を持つ人は、基本的に自信家で、人より上に立ちたがる傾向にあります。乾杯も人のグラスよりも高く上げる傾向にあります。とはいえ、基本的には威圧するというより、仲間意識の中でのボス猿的な感覚。機嫌よく過ごしている証拠でもあるので、あまり気にする必要はないでしょう。
グラスの下部を持つ	グラスの下を持ち、乾杯も控えめ。そうした仕草は、周囲に恐縮しているか、配慮しているときに出やすいもの。無意識にしている場合は自信なく卑下しているといえますが、社会人なら場を読んでこうした行動を取ることもあります。	グラスの下を持つのがデフォルトになっている人は、基本的に控えめで消極的なタイプといえるでしょう。乾杯の時も相手のグラスよりも低めに上げるはず。気が強い自信家でも、営業職や接客業についている人は、グラスを下げるのが癖になっている場合も多いようです。

グラスを両手で持つ	お酒のグラスは基本的には片手で持つのが普通。両手で持つ場合は、どこかしら気持ちが落ち込んでおり、不安な状態でしょう。子どもっぽい仕草でもあるので、女性が意図的に行って、華奢で守ってあげたい雰囲気を演出している場合もあります。	自己親密行動の一種で、意識的または無意識的に自分が弱っていることを表しています。男性でも女性でもこうした仕草をする人には、なんとなくやさしくなってしまいがち。つまり、これが癖になっている人は、そうした人の行動を期待している依存的な性格といえるでしょう。
飲み物を飲む時に小指を立てる	華奢なグラスなど、ちょっと意識して持つ際に出やすい仕草。女性的魅力に溢れていると思われるため、意図的に演出する人も。	女性らしい仕草が身についた人に多く見られる癖。他者からの視線を強く意識するため、ナルシストであることも。男性がこの癖を持っている場合、女性的な美に関心があることが少なくないようです。
次々に他の飲み物を飲む	パーティなどでいろんな人と会うように、飲んでいるものを次々と変える人がいます。飽きっぽいというより、飲み物よりも関心があるものが他にある場合が多いようです。	気持ちに余裕が無いタイプ。シングルタスクで、一つのことに集中することは得意ですが、いろんなことをバランスよく行うことは苦手です。飲み物を次々と変えるのは、緊張しているためです。

【たばこを吸う】

たばこの灰をこまめに落とす	たばこの灰はやっかいなもの。落ちないように気遣いながら吸える人は基本的には配慮ができる真面目な人と評価されることが多いでしょう。	意図的なものであれば配慮が出来る人といえますが、これが癖になっている人は、どちらかというと「リズム」を大切にしている人。アグレッシブで活動的な人といえるでしょう。時にはせっかちな印象を与えるかもしれません。
押し付けて消す	たばこの火はしっかり消すのがマナー。そこでしっかり押し付けて消す人は理にかなっているといえます。	合理的に見えますが、一方で、押し付けて消すことでいらだちを解消するという効果もあります。空き缶を蹴飛ばすなどの行動が好例ですね。つまり、癖になっている人は、どこか欲求不満をかかえていて、それをさり気なく解消している理性的な人といえるでしょう。

チェーンスモーク	たばこを吸い切らないうちに消しては次のたばこへと手を伸ばす行為は、ヘビースモーカーにもよくみられます。イライラを次から次へと新しいたばこを口にくわえることで解消する、口唇期の名残ともいわれています。	これが癖になっている人は、プレッシャーに弱く、自分に自信がなくて常に不安を抱えている人と言えます。健康のためにもストレスを解消する方法を別に探したほうがよいでしょう。一部、楽しそうな顔をしてチェーンスモークを続ける熱中型の人もいます。この場合はたばこを変えることでリズムを生んでいる場合が多いので、邪魔をしないであげましょう。
3本の指でもつ	心に余裕があり、ゆったりとした気分でたばこをする際によく見られる行動です。葉巻を吸っていた時代の名残なのか、往年の俳優にもこの仕草はよく見られました。	この持ち方の癖のある人は、自分に自信があり、泰然としている様子を周囲に示したい自己顕示欲が強いタイプです。社交的で頭脳明晰であるなど、周りに高く評価されていますが、自意識過剰なところがあるので、批判されたりすると突然怒り出すことも。

【運転する】

ブレーキや急ハンドルが多い	焦っているとき、急いでいるときに出やすい癖。注意力が散漫になっていることが明らかです。	いつもこんな運転をする人は、アバウトで全体的に大雑把な性格といえるでしょう。また、全体像を掴むのが苦手なので、予測して行動するということができません。
無理な追い越しや車線変更が多い	負けず嫌いでわがままな人に多い運転ですが、意外に普段はおとなしい性格の人にも少なくありません。車に乗ったことで万能になった気分で荒い運転をするケースは少なくないようです。	普段がどんなであろうと、攻撃的で自己顕示欲の強いタイプといえるでしょう。普段とのギャップが激しい人は、突然キレたりすることもあるので、警戒して間違いありません。
小刻みにハンドルを切る人	免許を取ったばかりで運転スキルに自信がないときは、やたら力が入ってハンドルを小刻みに切りがちなもの。だんだんと慣れてきてゆとりが出来ると、ハンドルをゆったりと操作できるようになります。	運転に慣れても、小刻みにハンドルを切る人は神経質で決断力に欠ける気配があります。仕事の場面でも、任せることを嫌い、細かく口出しをする傾向があるでしょう。

安定した運転をする人
安全運転のためには、運転スキルはもちろん、状況を見定める能力や人に的確に譲る思いやりなども必要です。精神状態も出やすいので、その人の状況によっても変化します。
しかし、常に安定した運転をする人は、協調性があり、心も安定したバランスのとれた人といえるでしょう。男性にとって車は第二のパーソナルスペースと言われています。そのコントロール力はそのまま自分の力の評価へとつながるため、女性は下手に運転について評価しないほうが得策です。

【寝る】

仰向け大の字で寝る	横向きで寝る	枕などに抱きついて寝る
心配事がなく、心身のバランスがとれているときには、仰向けになってゆったりとした気分で眠れるもの。落ち着いた精神状態であることがうかがえます。また、昼間の活動が活発な人は仰向けで寝ることが多く、寝返りも多めです。	肉体労働より知能労働に多いと言われる横向き寝。利き手側が下になることが多いようです。仰向けよりもストレスがかかっている状態と思われます。しかしながら、適度な寝返りをうてる状態でもあるため、不安というよりも、責任感などのポジティブな方向に変換できている表れでもあります。	枕や布団に抱きついて眠るスタイルは、何かしら大きなストレスを抱えていることが伺えます。対人関係におけるストレスが最も大きいと思われ、親や友人と仲違いしたり、失恋するなどのストレス時に現れがちです。
多くの人が子ども時代はこの寝相であることが多いようです。つまり、こうした寝相でいつも寝る人は、子どものように大らかな性格で、楽天的。ストレスや悩みがないわけではないのですが、耐性が強く、「寝れば忘れる」タイプです。ときにそのあけっぴろげさが人を傷つけることも…。心理学者のサミュエル・ダンケルは「王様タイプ」と名付けています。	ストレスや悩みがそれなりにあるものの、柔軟に乗り越えられるタイプです。気にするべきところは気にするというように、バランスがとれており、大人としての知性があるといえるでしょう。心理学者のサミュエル・ダンケルは「囚人型」と名付けています。	寂しがり屋で常に自分が愛されていないと思い込みがちなタイプ。こうありたいと理想に描く自分があり、それに到達していないことに対してストレスを感じています。枕は愛情を与えてくれる存在の代用なのです。サミュエル・ダンケルは「抱きつき型」と名付けています。

	うつぶせで寝る	膝を抱えて寝る	腰を上げて寝る	ポケットに手を入れる
状態	うつ伏せに眠る場合は、ベッドにしがみついているという意味で、「抱きつき型」が強化された状態といえるでしょう。つまり、自分の思い通りになっていない状態にストレスを感じ、愛情を与えてくれる人を独り占めしたいと願っています。	膝を抱えることで内臓を隠し、丸まって眠るのは、自己防衛本能の現れといわれています。警戒心が強くなっており、常に誰かに守られていることで安心感を得ようとします。	背中を持ち上げて、ひざまずいた不思議なポーズ。子どもによくみられ、眠るのがいやで、早く昼間になってほしいと願う心理の表れといわれています。逆に昼間の世界に怖いもの、闘うべきものがある場合にもみられます。	寒い時、手持ち無沙汰のとき、ポケットに手を入れる人がいます。自己親密行動の一種で、マスターベーションを意味する場合もあります。
性格	理想が高く、完璧主義、気難し屋の面があります。支配欲が強く、何でも自分中心でないと気が済みません。几帳面で人に配慮する繊細なところがあるため、逆に他人のミスを許せないところがあります。保守的で神経質な人に多く、自分が愛されていないと思い込んでいる傾向があります。	自分で自分を抱きしめる、どこか自立できていないタイプのようです。自分を保護してくれる人に依存しがちな性格で、マザコンである場合も。サミュエル・ダンケルは「胎児型」と名付けています。	このポーズで寝るのが癖になっている人は大人ではなかなかいません。神経質や、不眠症の人にも多く見られるので、もしこのポーズで眠っているのに気づいたら、精神科を訪ねることをおすすめします。サミュエル・ダンケルは「スフィンクス型」と名付けています。	これが癖になっている人は、自信に溢れ、自分は優れていると思っているか、そう思われたいと思っています。おだてや褒められることに弱く、自信過剰で失敗することも少なくありません。

ちょっと変わった癖

鏡をよく見る	鏡を見る行動は、自分を客観視して、他の人からどう見えるかを確認する作業です。どちらかというと、バッチリ決めて自信があるときよりも、どこか間違っていないか気にしている場合に多くみられます。	一見、ナルシストの行動ですが、実は逆の場合が多いのです。つまり、なにかしら肉体的コンプレックスを持っていたり、服装のセンスに自信がなかったり。人からの視線を意識していることは確かなのですが、決して自信があるからというわけではありません。
靴下の匂いを嗅ぐ	人は自分の匂いフェチといわれています。どんなに臭いものでも、自分の匂いは嫌いではありません。むしろ安心感が得られるものなのです。ついつい、臭い靴下の匂いを嗅いだりするのは、自分の匂いを嗅ぐことで、どこか安らごうとしている心理の表れと思われます。	靴下にかぎらず、自分の匂いの付いたものを嗅ぐ癖は、男性に多いようです。自分のテリトリーであることを匂いで主張していた先祖時代の名残ともいえるかもしれません。従って、感性が強く、動物的なタフさを持ったタイプといえるでしょう。
ストローや鉛筆を噛む	爪や唇を噛む仕草と同じように、ストレス状態にあることを示します。心理的な理由は同じではありますが、他のものを噛むということは、より心理的な制約は強いはずです。	ストローや鉛筆、箸などは「かんではいけないもの」と教えられているはず。それがガリガリになってしまうほど噛んでいるわけですから、我慢出来ない子どもっぽいタイプといえるでしょう。
トイレのドアを開けたまま	トイレはいわば一人ぼっちの空間です。そこを開放し、他の人がいても気にしないという状況、自分と相手との境界線がやや曖昧になっていることの表れです。リラックスしているというと言葉はよいですが、汚い自分も受け入れてもらえるという甘えの心理が働いていることが多いようです。	他の人がいてもトイレのドアを開けたまま用をたす人は、人との境界線が曖昧で自立できない「隠れマザコン」。こうした男性は、浮気しても借金してもお母さんのように許してもらえると思っているので注意。
Tシャツを裏返して脱ぐ	めんどくさくなっていたり、眠かったり。そうしたときに脱ぎ着が雑になりがち。Yシャツをボタンをとめたまま頭から着るのも、どうでもいいと思っている心理が働いています。	これが癖になっている人は、甘えん坊でマザコン。お母さんに着せてもらった記憶が常に残っており、合理的な脱ぎ方すら身につけることができていません。脱いだものはひっくり返っているはずですが、そのままにするのならかなり重症。

	状態	性格
前歯から磨きはじめる	デートや面接などで緊張しているときに、人は前歯から磨き始めたりすることがあります。これは人前に出て、視線にさらされることを意識するため。	前歯から磨き始める癖のある人は、人の目が気になるナルシストです。最後の仕上げも前歯を磨き、口をゆすいだら、鏡に向かって微笑みかけていることでしょう。
人の体に触る	肩を叩くなど、人の体に触れるのは、相手に対する好意の表れ。パーソナルスペースを乗り越えてより親密な関係になりたいことをアピールしています。	相手が自分のことをどう思っているか気になる「寂しがり屋」さん。あえて自分から触れることで相手にも同等の親密さを期待しているわけです。不安な時に多い場合は、自己親密行動の一つであり、「仲間」であることを確かめて安心したいわけです。
鼻歌を歌う	鼻歌はリラックスしているときに出やすい行動です。気分良く、テンポよく何かをしていたいと感じており、開放感に浸っています。	いつでもどこでも鼻歌が出る人は、リラックスすることが上手。つまり、好奇心旺盛で想像力が豊かなために、どんな場面でも面白がって取り組むことができるのです。
空いているところに物を入れる	整理整頓のコツは、物を使う頻度や目的に応じて的確な定位置に配置し、使ったらそこに戻すことだといいます。しかし、空いているところに置いてしまうのは、その場やモノに対しておざなりになっている証拠です。	こうした行動が癖になっている人は、大雑把でおおらかな性格です。ずぼらともいえるでしょう。ときにその無神経さが諍いの原因になることもありますが「いつでも、誰にでも、どんなものにも」そうなのです。
きっちり本を並べる	きれいに並べた本は、気持ちが良いもの。しかし、その分乱れも目立ち、気になることがあるでしょう。	そうした本棚の持ち主は、几帳面であることはもちろん、融通が利かないことも多いようです本棚が乱れることを嫌って、人に貸すことも嫌がる場合もあります。自分のテリトリーを明確にしておきたい人です。
ひんぱんに手を洗う	ウイルスや細菌が気になったり、ベタベタしている気がしたり。手を洗う行為は観念的なものが大きく影響しています。	強迫性障害で一番よく知られている症状です。単なる癖から発展する可能性もあるので、注意が必要です。ちなみに強迫性障害にかかりやすいタイプは、「頑固でこだわり性」「指示されたり、納得しないと動けません。「几帳面で完璧主義」「強制されたりするのが苦手」「マイペース」などです。

いろんなものをよく拭く	基本的にはきれい好きで好ましい行動ですが、行き過ぎると不潔恐怖症の疑いも。おしぼりやウエットティッシュなどを愛用する日本人は外国人から見ると異常に見えるようです。	基本的には潔癖できれい好きという好ましい性格といえるでしょう。しかし、あるものだけを執拗に拭くのに他は放置という場合は、不潔恐怖症が疑われます。
掃除ばかりする	掃除は気持ちが良いものです。しかし、掃除ばかりしている場合、掃除が目的というよりも、それによってスッキリする感覚がやみつきになっている場合が多いようです。「断捨離」が流行りましたが、そのすっきり感と同一と考えても良いでしょう。	掃除は反復動作が多く、無心になれる、スッキリするという人も多いようです。ストレスを社会的に好ましい方法で昇華する「できた人」といえます。ただし、他のことを放置して掃除ばかりしている人は、「他のこと」からの逃避先になっている可能性も考えられます。
物にさわらない	できるだけ他のものを触らないよう、手を組んでいたりします。周りのものがベタベタする、不潔な感じがするという人も。	自閉症など神経が過敏になっている人は、他のものを触ることが怖いことがあります。触らないようにする癖がある人は、ストレスなどから感性が過敏になっている可能性があります。
なんでも集める	いわばコレクター状態のことです。なにか愛着あるものを集め、愛でることに固執します。ただし「なんでも」となると、少々異常な収集癖ということになるでしょう。ゴミを宝だと思い込んで集める「ゴミ屋敷」になっている人も少なくありません。	粘着質で自己中心的なところがあります。また、生真面目で完全主義なところがあり、コレクションそのものより完成させることに固執する人も多いでしょう。同じようなコレクターに対する優越感や強迫観念を持っている場合もあります。

【口癖】

「要するに」	人の話を受けてまとめる言葉。	仕切り屋。単にまとめ役になるだけならいいのですが、仕切ろうという思いが強いと自己中心的になり、自分の思い通りに物事を進めようとしがちになるので注意が必要です。

	状態	性格
「っていうか」	相手の言うことを否定して別の意見をいう言葉。近年は、若者言葉で深い意味を持たない「前置き」の言葉としても使われています。	前者の場合、自分の意見を主張したいタイプ。明確に意見が違う場合もありますが、主旨は同じなのにわずかな表現の違いにこだわることも。ちょっと扱いが面倒なタイプ。
「そうですね」	相手のいうことを肯定する言葉。しかし、その後に反論が続くこともある。	一度相手の意見を受け入れたように見せて、議論を進めていくので、「っていうか」が口癖の人よりもカドが立たず、敵を作りにくいといえるでしょう。いわば「大人」ともいえますが、策士でもあります。
「なるほど」	相手のいうことに感心したり、同意したりするときに使う言葉。	「なるほど」が口癖になっている人は、聞き役としての立場をわきまえた人。しかし、あまり頻繁に使う人は気軽に「うんうん」と言っているくらい、軽い意味である場合が多いようです。
「常識でしょ」	相手の無知をあげ、上から断定するときに使う言葉。	相手の主張や意見などを否定し、優位であろうとするタイプ。人が口をつぐむのをみて、優越感に浸ったりします。幼稚でわがままなタイプなので、距離をおいて付き合いましょう。
「絶対に」	断定的に、強い意志を伝える言葉。「絶対に禁煙するから」というような使い方をする。	自分の行動や願望に「絶対に」を付ける人は、意志が弱く自分の力では実現できない傾向にあります。それゆえ、周囲に宣言してアピールすることで、自分を鼓舞するわけです。しかしたいてい失敗するので、再び「絶対に」を繰り返します。
「別に」	言いたいことがあっても、言いにくい状況下で使う言葉。不機嫌さを表すこともある。	これが口癖になっている人は、強い欲求不満にさらされています。沢尻エリカのように「不機嫌さ」を表す場合、「察してほしい」という甘えやわがままがあり、子どもっぽい人といえるでしょう。「とくにありません」などと、笑顔でいう人は大人の対応ではありますが、内側では不満が渦巻いていることも少なくありません。

「だから」	改めて自分の主張を通そうとする言葉。キレ気味に使われることが多い。	かなり自己主張が強く、自分が一番正しいと思っています。厄介なことに、相手もそれを認めないと気が済みません。「だから」を繰り返し主張しても、かえって逆効果。それに気づかない幼稚な人といえるでしょう。
「しかし」	相手の意見を否定し、問題などを指摘する際に使う言葉。「っていうか」よりも強め。	「しかし」が口癖の人は、決してネガティブというわけではありません。「しかし」というと、場の空気が変わり注目を浴びることができます。単に自分の意見を聞いてほしいという自己顕示欲の強いタイプです。
「すごく」	事象を強めて伝える言葉。「すごい」「とっても」なども。	「すっごく」と熱のこもった様子で強調する人は、よく言えば情熱家、悪く言えば自己顕示欲が強く、子どもっぽいタイプです。ややオーバーに伝えることで、注目を浴びたいと思っています。
「つまり」	人の話を受けてまとめる言葉。「要するに」よりも若干意味合いは弱め。	「つまり」が口癖のように頻発する場合、論理的に話をするのが苦手ながら、努力しようとしている様子がうかがえます。「要するに」のようにしきろう、まとめようというより、相手にわかりやすく伝えたいという生真面目なタイプといえるでしょう。
「〜とか」「〜かも」	物事を伝えるときに曖昧にぼかす言い方。	はっきり言葉にすることで相手と険悪にならないよう、こうした曖昧な言い方をする人が増えています。対人関係にナーバスになっている人が多いのでしょう。
「しょせん」	熱くなった議論などを、ややシニカルにまとめるときに使う言葉。どうやっても叶わないときや、何かをあきらめるときなどに自嘲気味に使います。	一見、ネガティブな悲観主義者。それでいて、失敗することが怖くて、逃げ道を作ることで体面を保とうとする見栄っ張りといえるでしょう。
「忙しい」	「忙しい、忙しい」が口癖なのは、「私は有能で、周囲から期待されているので、どうしても忙しくなる」と言いたいわけです。本当に忙しい人より、「自分は忙しくて有能な人間である」とアピールしたい人ほど出る傾向があります。	自分自身に自信がないが、能力が高いことをアピールしたい見栄っ張りなタイプ。

	状態	性格
「疲れている」	「疲れているから」「今日は調子が悪い」の口癖は、自分自身に自信がないために自分でハンディキャップを与えて保身していることの表れ。	自分自身に自信がないが、それを自分自身の能力に帰属させたくない、こずるいタイプ。
「私は」	「私」をとくにアピールしたい気持ちの表れ。少ないときは、そこに本音が表れ、多いときは自己顕示欲が表れる。	連呼する癖のある人は、どちらかというと自己顕示的で、依存心が強く、未熟な性格の持ち主であることが多いでしょう。
「ホント」「実際」	事象について念を押すときなどに使う。「大変だったよ、実際」というように。	人でも物でも好き嫌いが激しく、断定的な性格。作業は緻密で丁寧、几帳面。
「えっ」	聞こえているのに「えっ」と聞きなおす。	誰かに質問されたり、頼みごとをされたりすると、「えっ」と、聞き返す癖のある人がいます。この場合の「えっ」には、困った、嫌だ、という意味が含まれることが多い。人間関係でのトラブルなどで人間不審に陥っている、または自己評価が低いタイプに多いでしょう。
「えー」「あー」「うー」	言葉が出てこないときに、間を持たせるために使う。	この癖がある人は、できるだけ正確に喋ろうとして努力している人。間が空くのが怖いため、間をもたせるために連発している間に癖になってしまったと思われます。
語尾に「ね」がつく	語尾につけて、親しみや共感を表す。	イライラしていたり、相手に不満を持っていたり、ネガティブなイメージを持たれないよう、できるだけ威圧しないような言葉遣いを意識しています。
「すごい」	どんな些細なことも「すごい」をつけることでインパクトがあるような印象を与えます。	自分がいうことに対して自信が持てず、少々「盛って」いる状態です。
「へえ〜」「ふ〜ん」	相づちは会話の潤滑油。相手の話の内容やタイミングに合わせて相づちを打つと、会話が弾みます。	感心したかのような相づちは心地いいもの。しかし、癖になって心ここにあらずだとかえってマイナス効果になります。口癖になっている人は、適度に打てているか、客観的にみてみましょう。

「ちなみに」	前に述べたことに、後から補足する際に使うときに使います。	これがひんぱんに会話に出てくる人は、自分が知っていることをひけらかしたいタイプといえます。博識で物事をよく知っていますが、やや理屈っぽく面倒くさいところがあるでしょう。
「ある意味」	ある角度からみれば、と但し書きをしてから本文をいう言い方で、曖昧な否定に受け取られることもあります。	実は正しく使えていないことも多く、中途半端な印象を与えてしまう言葉なので多用しない方がよいでしょう。ちょっと斜めから見がちで、素直になれない人の口癖です。
「これからは○○でしょ」	断定的な言い方で、有無を言わせません。ただし根拠がない場合が多いようです。	自己顕示欲が強いのですが、自分が言っていることについて、論理的な裏付けはありません。その根拠は、他者の受け売りであることがほとんど。他の人の意見やメディアなどに振り回される自分が無いタイプ。
「だから○○はダメなんだよ」	上から目線で決めつける表現です。「だから」に深い意味はありません。	根拠がないのにもかかわらず、自分の独断と偏見で物をいうタイプ。反論せず、無視するのがよいでしょう。
「悪いけど」「言ってもいい?」	言い難いことを前置きするための言葉です。	一見配慮しているようにみえますが、続く言葉は辛辣なことやくだらないことが続く場合が多いようです。本人はまったく「悪いけど」とも思っていなければ、「言ってもいいかなあ」との躊躇もありません。

本文中で解説した癖リスト

●男性・女性に多い癖

参考文献・資料

●心理学が使える人が成功する――仕事と人間関係69のテクニック（ＰＨＰ文庫）渋谷昌三
●しぐさで人の気持ちをつかむ技術（ＰＨＰ文庫）渋谷昌三
●「しぐさ」を見れば心の9割がわかる！（王様文庫）渋谷昌三
●図説 男と女の心理おもしろ事典――男と女のすれ違いはここから始まった！（三笠書房）渋谷昌三
●「できる上司」は部下のどこを見ているのか――相手の心をつかみ、やる気を引き出す心理学（大和書房）渋谷昌三
●よくわかる心理学（西東社）渋谷昌三
●男の深層心理――本音を読み取り愛を勝ち取る心理テクニック（はまの出版）渋谷昌三
●「見た目としぐさ」でホンネを見抜く心理学（ＰＨＰ文庫）渋谷昌三
●1秒で相手を読む心理術（静山社）渋谷昌三
●深層心理がわかる本（日本文芸社）渋谷昌三
●おもしろくてためになる心理学雑学辞典（日本実業出版社）渋谷昌三
●しぐさで人の気持ちをつかむ技術（新講社）渋谷昌三
●「動きの癖」で人間がわかる――あなたの適性診断します（日本経済新聞社）馬渕哲・南條恵
●マンウォッチング（小学館）デズモンド・モリス／藤田統（訳）
●ボディウォッチング（小学館）デズモンド・モリス／藤田統（訳）
●コトバの癖で人を見抜く法（池田書房）三村侑弘
●しぐさの比較文化（大修館書店）リージャ・ブロズナハン／岡田 妙・斎 代子（訳）
●マル珍なくて七癖――大笑いのびっくり本 ほ〜ら、あなたにもあるでしょ?!（河出書房新社）ユーモア人間倶楽部
●つい、そうしてしまう心理学――自分がわかる・相手を見抜く（日本実業出版社）深堀元文
●しぐさの心理学――しぐさやクセからわかる本当の性格（成美堂出版）美堀真利
●改癖術 クセを変えれば人生も変わる！（マガジンハウス）伊東明

あとがき

癖はその人の個性であり、印象であり、〝味〟ともいえるものです。もし、癖がない人がいるとしたら、なんとつまらないことでしょう。それはまるで、音符通りに歌った歌、正確だけど平坦な話し方、マネキン人形のような整った顔と同じようなもの。まったく魅力が感じられないと思いませんか。「無くて七癖、あって四十八癖」といわれるように、癖がない人などいません。人間臭さの象徴であり、人である証明なのです。

しかし、時に現代社会では、癖をなくして均一化することで効率性を図ろうとすることも少なくありません。サービス業では、できるだけ個人の癖をなくしてお客様を引き立てようとしますし、銀行員や教員など「あるべき姿」を求められる職業でも、個人的な癖は嫌われることが多いようです。もちろん普通のサラリーマンでも個性的であることは、建前ほど奨励されてはいません。そのためか、ビジネス書の中には、癖を直すことをすすめるものも少なくありません。もちろん本書の中でもそうした章は出てきますが、私自身としては、自分の癖は癖のまま、大事にしてほしいと思うのです。癖はそのままその人自身で、その人の「味」なのですから。それを無理に「個」を殺して癖をなくそうとすれば、フラストレーションもたまってしまうでしょう。癖を認識し、それを受け入れることは、自分のことを知るということであり、大切にすることだと思います。

もちろん、癖の中には人に嫌われたり、不快に思われたりするものもあります。しかし、癖はリラックスさせたり、気持ちを奮い立たせたり、行動のリズムを司る重要な役割を担っていることも多いのです。無理して直そうとすると、他の部分に支障がでたり、気持ちが不安定になることも少なくありません。社会的に問題がある場合はともかく、多少変わっている程度の癖ならば、そのままでも良いのではないでしょうか。まして一人でいるときや、家族など気のおけない人と一緒の時なら、多少変わった癖でも許されるはずです。癖はあなた自身を表すものであり、魅力でもある。そう考えて、癖を大事にしてほしいと思います。

渋谷昌三

◉著者プロフィール

渋谷昌三（しぶやしょうぞう）

社会心理学者。目白大学教授。

1946年神奈川県生まれ。学習院大学卒業後、東京都立大学大学院心理学専攻博士課程修了。山梨医科大学教授を経て、2001年より目白大学社会学部社会情報学科教授、大学院心理学研究科教授。学術的アプローチを基礎としながらも、一般向けにユーモア溢れる文体で心理学を解説する著書を多数手がけている。近著に『「気おくれ」しない7つの習慣』（河出書房新社）、『「性格がいいね」といわれる人の共通点』（新講社）など。

取材・編集協力　**伊藤真美**

癖《クセ》の心理学 ―― 人のクセみて我がクセなおせ ――

2013年8月15日　初版印刷
2013年8月25日　初版発行

著　者　渋谷昌三
発行者　小林悠一
発行所　株式会社 東京堂出版　http://www.tokyodoshuppan.com
〒101-0051
東京都千代田区神田神保町1-17
電話　03-3233-3741
振替　00130-7-270

印刷所　図書印刷株式会社
製本所　図書印刷株式会社

ISBN978-4-490-20840-5　C0011